蔦屋重三郎の生涯と吉原遊廓

監修 永井義男
（作家・歴史評論家）

宝島社

目次

第3章 遊女たちの生活

第4章 吉原の近代と現在

監修者インタビュー　永井義男（作家・歴史評論家）

蔦屋重三郎が演出した吉原遊廓

遊女三千の吉原に生まれ育った蔦重

吉原遊廓については「江戸の文化の発信地」であるとか、「江戸の流行の源泉」とかさまざまな言われ方があります。しかし、その根本は公許の遊廓、つまり「風俗街」であり、そこで働く遊女は「風俗嬢」であるということです。吉原遊廓の本質はそこにあることを、まずは押さえなくてはいけないと思います。

公許の遊廓としてスタートした吉原は、１６５７（明暦3）年に、現在の日本橋人形町から台東区千束へと移転して、浅草寺の裏手に広がる田圃の中に新吉原が作られました。

時代によって多少の増減はありますが、千束へと移った新吉原の場合、2万坪ほどの敷地に、およそ1万人が居住していたとされます。

１８４６（弘化3）年の「町役人書上」によれば、男性１４３９人、女性７３３９人と総人口は８７７８人とされます。女性のうち遊女は４８３４人ですから、まさに女性たち、とりわけ遊女たちの活躍で成り立つ世界でした。

俗に「遊女三千」と言われますが、おおよそ実際の数字と合っているのではないかと思われます。

このおよそ1万人の吉原の住民のひとりとして生まれたのが、蔦屋重三郎でした。蔦重の両親もおそらくは遊女に関わる仕事をしていたはずです。たとえ妓楼（ぎろう）の生まれでなくとも、蔦重は子供の頃からそうした世界に接していたことでしょう。

生粋の吉原っ子であり、吉原のことを知り抜いていた。それが、蔦重の版元としてのキャリアに大きな影響を与えました。

吉原遊廓の全盛「太夫」がいた時代

吉原遊廓の歴史を江戸時代で区切るとすれば、およそ２５０年の歴史をもつと言えます。

最初の40～50年が、今の日本橋人形町に設置された元吉原です。１６５７（明暦3）年3月に明暦の大火が起こりますが、その後に現在の千束

付近に移転し、これが新吉原となります。

まだ江戸市中にあった元吉原の頃が最初の40～50年であり、第1期とすれば、江戸の郊外にあたる千束に移った新吉原が第2期となります。それからおよそ100年の時が経過して、宝暦年間（1751～1764年）の頃に、吉原のシステムが一変します。ここからの100年間を第3期とします。

吉原の全盛のひとつは、やはり第2期の宝暦以前の新吉原であり、それは端的に「太夫（たゆう）」がいた時代でした。太夫とは吉原の最上級の遊女に対する呼称です。太夫時代の吉原遊廓で遊ぶには、客は莫大な資金を要しました。本当に選ばれた者しか、吉原遊廓では遊べない時代です。その分、格式があり、大名や豪商ら夜な夜な豪遊した、伝説的な時代でした。

当時の江戸は、元禄のバブル期へと突入し、大変潤った頃です。経済的には大きく成長した江戸ですが、しかし、文化面ではまだまだ、上方のほうが上でした。蔦重が参入する出版にしても、当時はまだ上方中心です。有名な近松門左衛門や井原西鶴も、みな関西の出版界で活躍していました。彼らが書く遊里とは、京都の島原遊廓、大坂の新町遊廓を題材としていることがしばしばでした。

しかし、元禄のバブル期が落ち着いてくると、やがて江戸でも独自の文化が発達してきます。大名ら武士階級が経済的な痛手を被り衰退していく一方で、急速に発展してきたのが、江戸の商人たちであり、江戸庶民でした。

時代劇・時代小説でもお馴染み「吉原」の誕生

庶民文化が興隆してくる最中で、吉原遊廓のシステムがガラッと変わります。宝暦以前は、妓楼に所属する遊女たちを揚屋に呼び出して遊ぶというのが通例でした。現代風に言えば、デリバリー・ヘルスです。揚屋方式は、客の負担が非常に大きい遊び方です。呼び出し料も必要ですし、揚屋の部屋代、飲み食い代も必要です。妓楼から揚屋まで、太夫が客の元に向かう際には、新造（しんぞう）や禿（かむろ）、若い者を従えていくわけですから、その分のお金もすべて工面しなければなりません。

ただ、逆に言えば、妓楼に直接上がらなくても、揚屋に遊女を呼べば大名も気兼ねなく遊べましたし、宝暦以前はそれだけの大きな額を負担できるほどの経済力がありました。

しかし、元禄のバブルが弾けてしまうと、たちまちに財政難となり、大名も豪遊ができなくなりました。吉原も劇的な転換を迫られたのです。

こうして、宝暦末までに、徐々に揚屋のシステムに変更が加えられていきます。「太夫」や「揚屋」がなくなると、客が直接に妓楼で遊ぶ仕組みへと変わりました。いわば、今の店舗型の風俗店になったのです。そして、妓楼と客の仲介役・紹介役を引手茶屋が務めます。まさに風俗の案内所です。

時代小説や漫画などの題材となり、現代人が思い描く吉原とは、この宝暦以降の、「太夫」がいなくなった吉原なのです。

時代の転換期に吉原に生まれた蔦重

この吉原の転換期と同じ時期、出版界においても大きな転換期が訪れました。江戸にも独自の本屋・版元が生まれ、上方中心だった出版文化が江戸へと移ってきたのです。その渦中で、本屋を開業したのが、蔦屋重三郎でした。

蔦重は吉原大門前の五十間（ごじっけん）道（みち）に店を出しますが、そこで吉原遊廓のタウンガイドである「吉原細見」を売り出します。吉原細見は各妓楼にどんな遊女が所属しているのか、茶屋や吉原の芸者たちの情報や金額などを含めた、吉原の総合ガイドブックです。正月と7月の年2回発行されますが、妓楼内の遊女の移り変わりも激しいため、改訂版なども随時、刊行されました。

そのため、新興の本屋としては、確実な定期収入になる、堅い仕事でした。

吉原とウィンウィンの関係に蔦重のブランディング戦略

吉原細見を作っていくには当然、吉原の人たちの協力が不可欠です。吉原出身の蔦重に、吉原の人たちも全面的に協力してくれたのでしょう。またそれは、吉原にとっても益のあることでした。江戸市中の外にあり、庶民の生活とは隔絶した世界であった吉原遊廓を、出版物を通じて巧みに宣伝・プロデュースしたのです。

蔦重は盟友である山東京伝らとともに吉原を舞台にした流行の大人向け絵本である黄表紙や洒落本を、多数刊行します。また、勝川春章や北尾重政といった既に浮世絵界の重鎮である絵師とともに、吉原遊廓を美しく表現した絵本を出版しました。寛政期に入ると、早くから目をかけていた喜多川歌麿の才能を見抜き、美人絵の作者として起用します。吉原の遊女をまるで、ファッション・スターのように描いて売り出したのです。

そうすることで、吉原遊廓は江戸庶民の流行文化の発信地となり、蔦重の出版物が売れるほど吉原のブランド価値も高まっていきました。黄表紙や洒落本、浮世絵を通じて巧みに吉原を演出し、これに惹かれた人々がこぞって吉原を訪れ、遊んでいく。まさに蔦重は吉原とウィンウィンの関係を築きました。

また、当時、戯作者の多くは下級の武士たちでした。基本的には原稿料は出ない趣味の範囲で、教養ある武士が戯作を書いていたのです。そうした戯作者を、自分の版元に繋ぎ止めるために、蔦重は吉原を活用しました。このような武士たちは、基本的には家禄で食べていけるけれども、吉原で遊べるほどのお金はない人間たちです。蔦重は彼らを吉原の馴染みの茶屋に呼んで接待し、妓楼まで面倒を見たのでしょう。まさに作家を銀座の高級クラブで接待するようなものです。蔦屋から本を出せば吉原で遊べるとなれば、みんな蔦屋から出したいと思うわけです。

ですから、さまざまな意味で蔦重は吉原を利用し、活用していました。反対に吉原のほうも、蔦重の作る出版物によって、吉原自体の価値を高めることができた。蔦重が吉原の宣伝・広告を担うことで、吉原遊廓も賑わい、さらに発展していく。吉原との持ちつ持たれつの蜜月が、蔦重の生涯を通じて続いたのです。

蔦重が作った吉原のイメージ 遊女の光と闇

蔦重が売り出した出版物によって作られた、吉原の華やかで煌びやかなイメージは、それ以降もさらに加速していきます。より幕末に近づくにつれて、女性連れの江戸観光も増えましたが、江戸見物の一環で、浅草寺の観音様を訪れたついでに吉原見物もするというのが定番の観光コースとなりました。吉原で遊ばなくとも、あくまで見物に来る。今で言うなら、東京見物に来たらディズニーランドに寄るようなものです。

新撰組の前身である浪士組を組織した清河八郎という勤王志士がいます。彼は庄内藩、今の山形県出身ですが、郷里の母親をつれて旅行で江戸を訪れています。母親が見たいとせがむので、清河は母と一緒に、吉原遊郭に見物に行ったという記録があります。

このような観光地としてのイメージは、蔦重の登場以降、より強まったと言えます。それだけにこと吉原遊廓に注目すると、蔦重が果たした役割はとても大きいのです。

しかし、冒頭でお話ししたように、どんなにエンタメ化されようとも、吉原遊廓の本質はあくまでも風俗街であり、そこに働く遊女は風俗嬢です。お金で遊女を買い、性交渉を行う場でした。

そこで働く遊女のほとんどが、借金のカタに売られた女子たちです。遊女は妓楼と契約を交わし、借金を返し終わるまで働かされるわけですが、それは実質的な人身売買でした。

また当時の未発達な公衆衛生や病気に対する意識の低さによって、多くの遊女が性病に苦しみ、あるいは無理な堕胎によって、亡くなっています。亡くなった遊女は、葬式もあげられず、投げ込み寺に送られるだけです。また、年季明けまで勤め上げ、吉原遊廓を無事に出た遊女は決して多くありません。仮に吉原から無事に出られたとしても、その後の人生も自由なものではありませんでした。

吉原遊廓という場所を見るとき、蔦重が巧みに演出した華やかな吉原遊廓の光の側面と、その裏で「苦界」とも呼ばれる過酷な境遇のもとで亡くなっていった無数の遊女たちがいたという闇の側面があります。吉原の歴史を見る際には、この光と闇の二面性を、改めて心に留めておきたいものです。

第1章 蔦屋重三郎の生涯

蔦屋重三郎の生涯

吉原生まれ、吉原育ち

江戸の出版王・蔦屋重三郎こと蔦重。
その両親はいずれも吉原遊廓に縁深い人物だった。

吉原に生まれ育った蔦屋重三郎

1750（寛延3）年、蔦屋重三郎は吉原で働く両親の元に生を受けた。父親は尾張出身の丸山重助という人物であるが、なぜ江戸に出てきて、吉原に暮らしたのかは定かではない。また母親の津与にしても、その素性は明らかになっておらず、おそらく吉原の茶屋か何かの娘であろうと推測される。蔦重には駿河屋という茶屋を営む叔父がいたが、おそらく母方の叔父ではないかと考えられている。

蔦重の本名は柯理（からまる）、重三郎は通称である。幼い頃（一説には7歳の頃とされる）に喜多川家の養子となった。喜多川家の家業も定かではないが、同家が経営する商家・蔦屋の養子として育てられた。吉原の茶屋のなかには、蔦屋の屋号を持つ店がいくつかある。仮に蔦重が養子にもらわれた先が茶屋を経営する家であれば、自然と吉原に集まる通人や遊女らと接する機会も多かったと思われる。

10代の蔦重の暮らしぶりを伝える史料は乏しく、その詳細はほぼわかっていない。いずれにしろ、蔦重は人生の多感な時期を人々の欲望が入り混じる吉原遊廓で過ごしたのである。後年、多岐にわたる出版物を仕掛けていった時代を読む才能も、この吉原での生活のなかで育まれたのだろう。

蔦重の生涯を知る基本的な史料として、石川雅望（まさもち）による「喜多川柯理墓碣銘（ぼけつめい）」がある。石川雅望は天明狂歌を牽引し

東都新吉原一覧
歌川広重画
東京都立中央図書館蔵
幕末の頃の吉原の全体図。旧暦3月3日の節句になると、わざわざこのためだけに桜の木が運び込まれ移植された。吉原遊廓は風俗街であるとともに、さまざまな催しが行われる一種のテーマパークだった。

た「四天王」のひとりに挙げられる人物で、宿屋飯盛という狂歌名で知られた。蔦重も「蔦唐丸」の狂歌名で、狂歌師の歌会である「連」に所属・出入りし、雅望らとも交流を深めた。

その雅望は、蔦重の人となりについて、「志気英邁にして細節を修めず、人に接するに信を以てす（人に抜きん出た優れた気性をもち、度量が大きく細かいことにこだわらず、人に対しては信義を尊重する）」（書き下し文・現代語訳は松本寛『蔦屋重三郎』より抜粋）と「墓碣銘」に記している。

吉原に生まれ育ち、遊廓に通う粋な通人たちと交わり、また教養のある遊女らと接した蔦重は、自然と実業家としての才覚を身につけていたのだろう。そんな蔦重が生涯の仕事として選んだのが、版元の道であった。

喜多川家の義兄にあたると推定される蔦屋次郎兵衛という人物が、吉原遊廓の唯一の出入り口である吉原大門前の五十間道で茶屋を経営していた。その店先を間借りして、蔦重は貸本業をはじめたのであった。

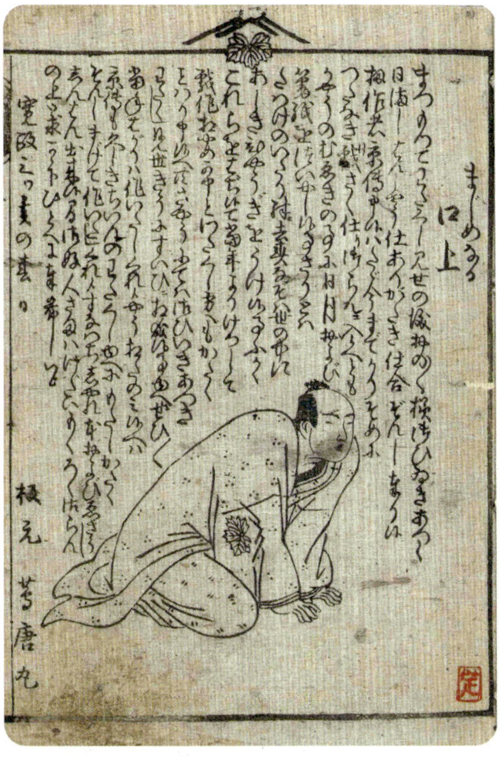

箱入娘面屋人魚
山東京伝作・歌川豊国画　東京都立中央図書館蔵

蔦屋重三郎の生涯

吉原・五十間道で本屋を開業

幼くして養子に出された蔦重は、自分の店を持つと、吉原出身の強みを活かし、やがて吉原細見の独占を画策する。

北廓月の夜桜　歌川国貞画　東京国立博物館蔵
「北廓」とは幕府公認の吉原遊廓のこと。大門をくぐるとそこには人で賑わう桜並木のある仲之町というメインストリートがある。大門の手前の五十間道には蔦重の店があった。

吉原遊廓のガイドブック 吉原細見の版元になる

千束村に設けられた公許の遊廓である吉原遊廓（新吉原）は、日本堤から衣紋坂を下ると、唯一の出入り口である吉原大門に辿り着く。衣紋坂に沿って大門までの五十間道には、茶屋などさまざまな店が軒を連ねた。

1773（安永2）年、蔦重はこの五十間道に書店を構えると、吉原遊廓のタウンガイドブックである「吉原細見」を手がける鱗形屋孫兵衛の改め・卸しを手がけるようになった。吉原細見は、妓楼に所属する遊女の情報などが一覧となった情報誌であるが、遊女の異動などもあり、内容の改変をする必要があった。吉原出身の蔦重には最適な仕事だったのだろう。やがて蔦重は書店だけでは飽きたらず、版元として自ら出版物の制作を手掛けるようになった。

1774（安永3）年には、版元としての最初の出版物である『一目千本』を刊行。挿し花を遊女に見立てた遊女評判記であり、絵師にはすでに名の知られた北尾重政を起用している。おそらく、鱗形屋の支援があったものと思われる。翌年には同じく遊女評判記である『急戯花之名寄』を刊行。吉原遊廓の3大イベントのひとつ「俄」の際の配布物として、出資を受けて制作されたと考えられる。あらかじめ製作費が得られる、損のない手堅い仕事である。

このように吉原遊廓と密接に関わりながら出版物を作り始めた蔦重は、鱗形屋がほぼ独占していた吉原細見の刊行にも着手し始めた。蔦重版の吉原細見は、先行する鱗形屋版よりも判型を大きくし、1ページあたりの情報量を増やして、その分、ページ数を減らし、紙代を浮かせたのである。

結果、格安で販売することができた。その最中、鱗形屋が偽板事件（無認可で他版元の本を複製・販売した）に巻き込まれる事態となり、吉原細見が刊行できない期間が続いたことも、蔦重にとっては好機となった。蔦重版の吉原細見が取って代わるようにシェアを独占したのであった。

画本東都遊　浅草庵編・葛飾北斎作　国立国会図書館蔵
五十間道に出店した蔦重の本屋は、のちに江戸の商業の中心地である、日本橋の油通町にも出店している。本作は蔦重の書店「耕書堂」の店先を描いたもの。初代・蔦重の死後、葛飾北斎によって描かれたものの彩色版である。

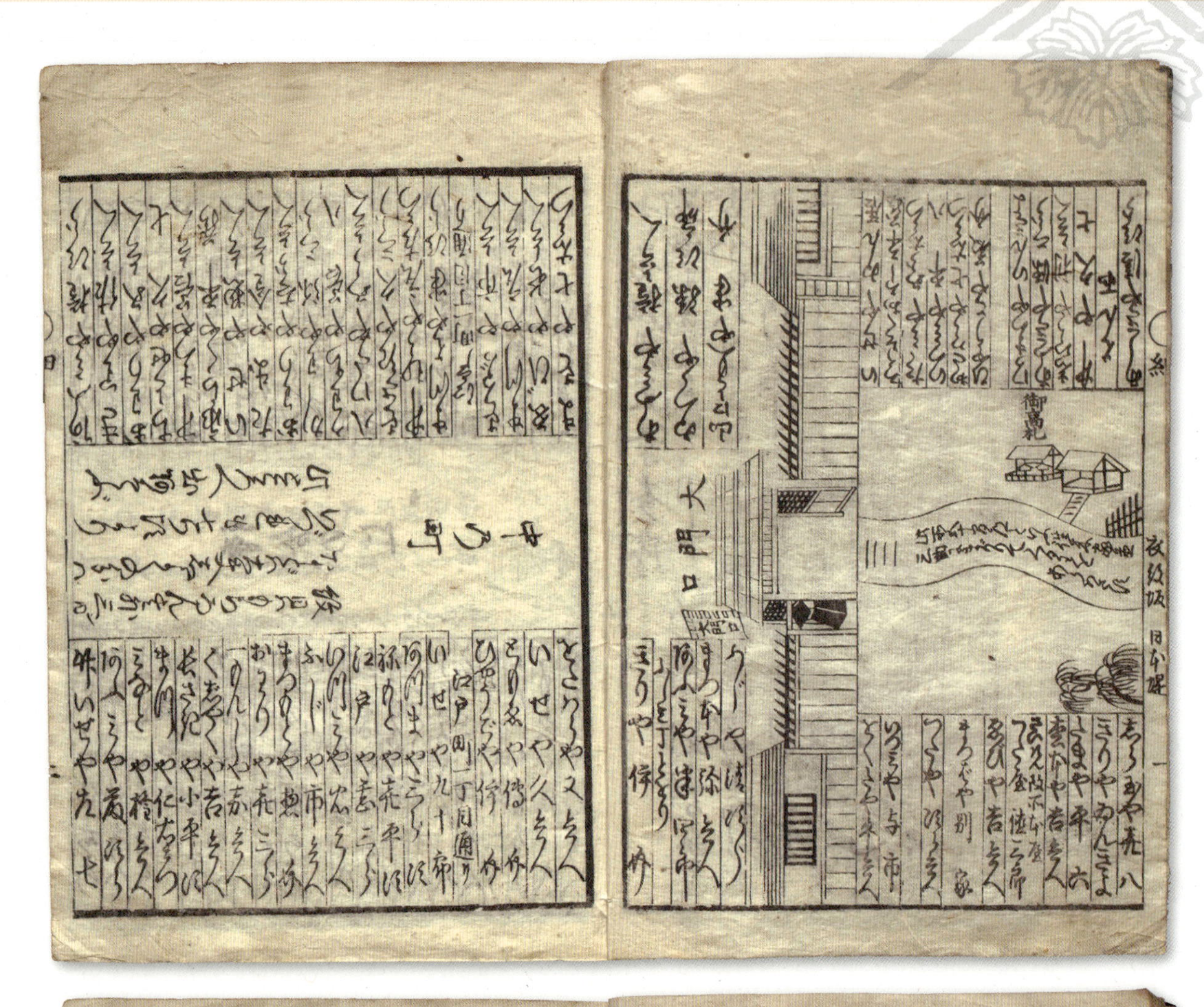

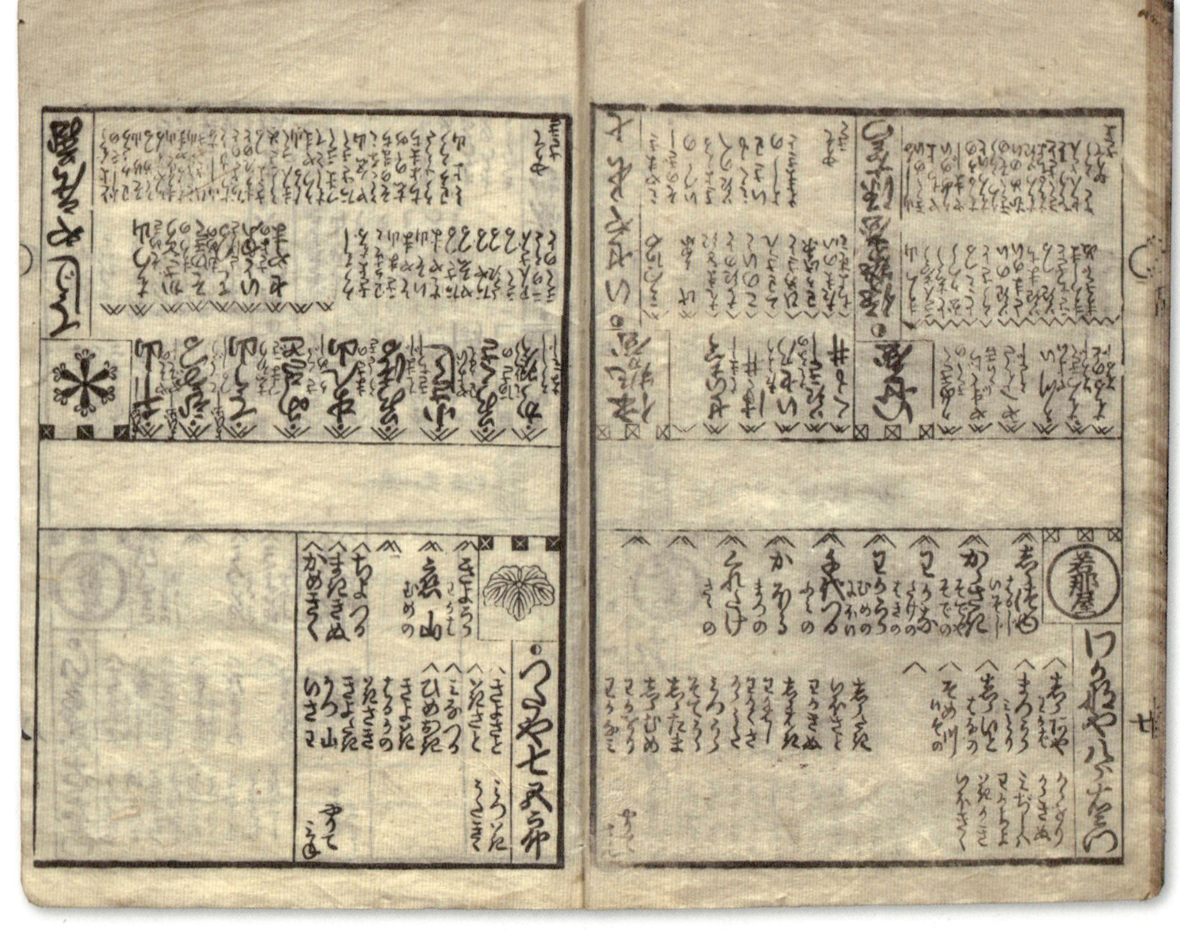

吉原細見　五葉松　朋誠堂喜三二序・四方赤良（大田南畝）跋　国立国会図書館蔵

蔦重が刊行した吉原細見『五葉松』は、当時の人気作家である朋誠堂喜三二が序文を書き、人気狂歌師である四方赤良こと大田南畝が跋文を寄せた。吉原遊廓のタウンガイドである吉原細見を、蔦重は独自のリニューアルを図って、やがて市場を独占するようになる。

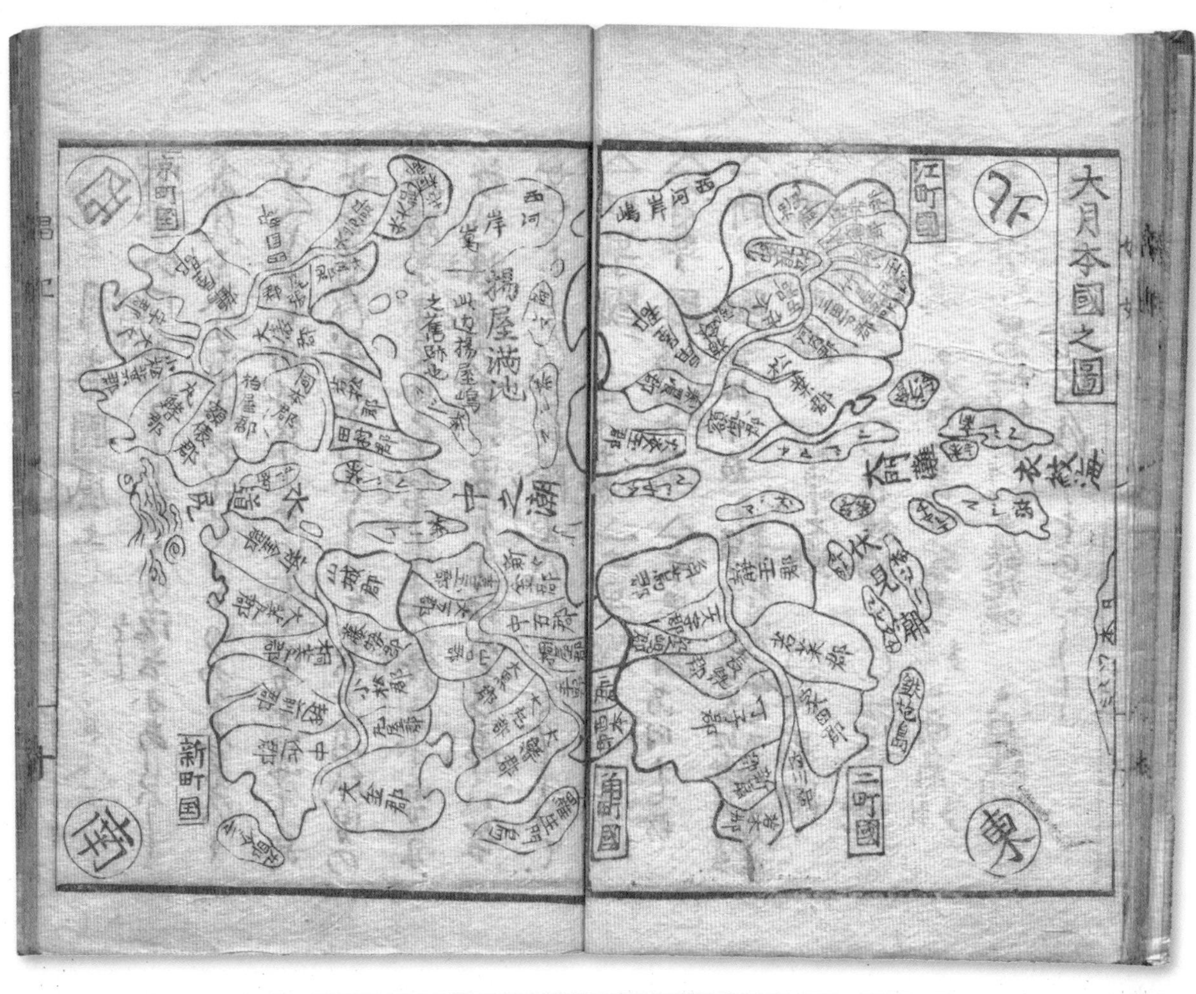

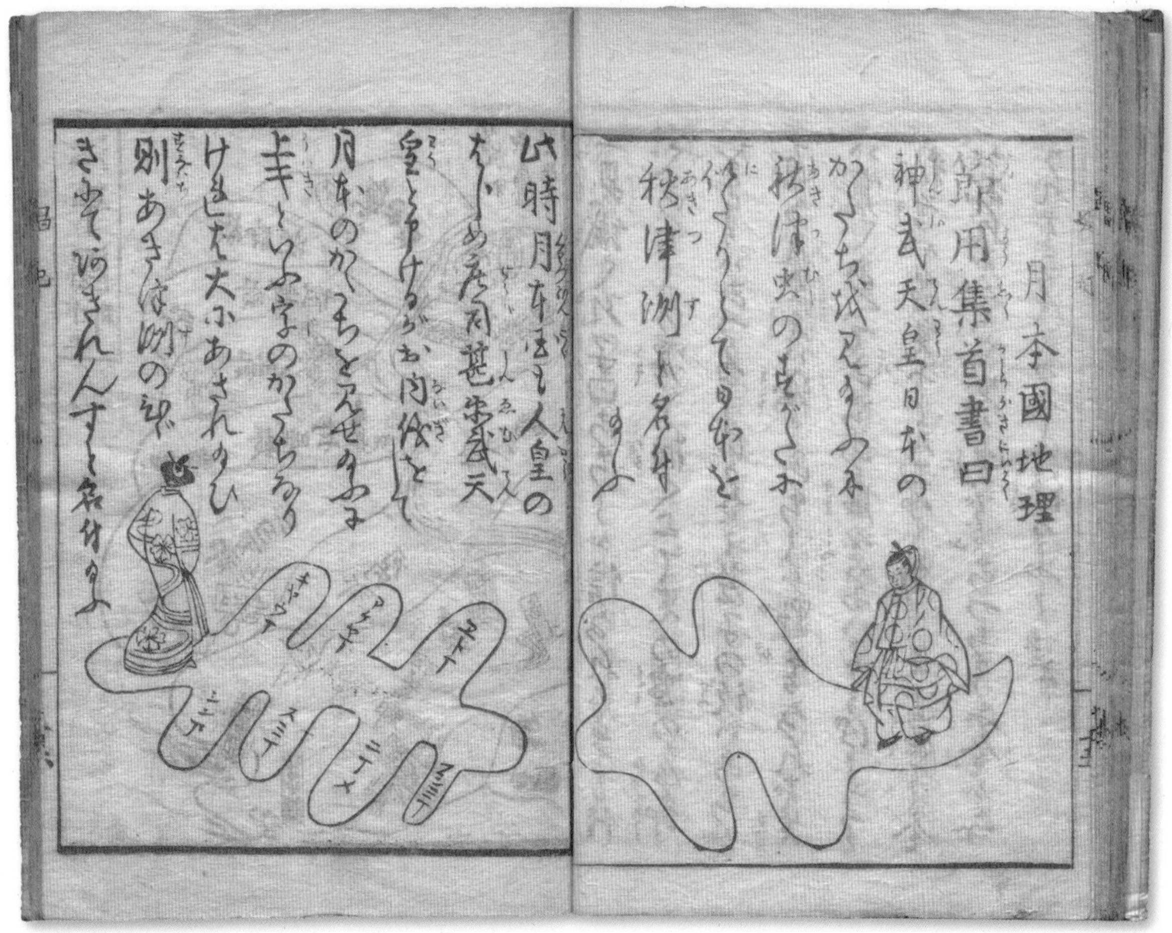

娼妃地理記　道蛇楼麻阿（朋誠堂喜三二）作　国立国会図書館蔵
遊女屋を郡に見立てて、各遊女屋に所属する遊女たちを、郡内各地の名所に見立てるという仕掛けが面白い、蔦重版の遊女評判記。当時刊行された地理書のパロディとなっている。「月本國地理」と描かれた見開きには、吉原遊廓の各通りに見立てた地図が掲載されている。

蔦屋重三郎の生涯

優品『青楼美人合姿鏡』を手がける

吉原を拠点に出版業に邁進する蔦重の商売は、お互いにウィンウィンとなるビジネスモデルだった。

生涯を通じて蔦重を支えた北尾重政の優品

先述したように、蔦重が手がけた『一目千本』『急戯花之名寄』などの遊女評判記は、「評判記」という体（てい）でありながら、決して網羅的ではなく、掲載されている遊女らもいささか恣意的な印象を受ける。おそらく、遊女や妓楼、あるいは馴染みの客らが出資して作られたものと考えられる。版元の蔦重からすれば、事前に資金調達をして制作費用を賄うことができた。たとえ売れなくても問題がないという意味では、堅実な仕事ぶりである。

1776（安永5）年に刊行された、優品として名高い『青楼美人合姿鏡』もまた、『一目千本』『急戯花之名寄』と同様の趣旨で作られたものと考えられる。企画・構成は蔦重によるものであり、序文は「耕書堂主人」が手がけている。耕書堂とは蔦重の書店の名前であり、耕書堂の主人とはまさに蔦重本人のことである。

絵は、北尾重政と勝川春章が担当に、当時の人気絵師の競作という豪華な仕様であった。特に前者の北尾重政は、蔦重研究の第一人者である鈴木俊幸氏をして「蔦重の絵本出版に寄与した最大の絵師は北尾重政であったというべきなのかもしれない」（『新版 蔦屋重三郎』より）と言わしめるほど、蔦重の生涯を通じての協力者のひとりであった。

蔦重の版元としての最初の作品『一目千本』以来、蔦重が亡くなったのち、二代目・蔦重の頃まで、その関係は重政本人が亡くなるまで続いた。北尾重政だけでなく、のちに戯作者として大成する弟子の北尾政演（まさのぶ）こと山東京伝や、御用絵師に抜擢された北尾政美（まさよし）こと鍬形蕙斎（くわがたけいさい）らも、蔦重の版元から多くの作品を残している。また、勝川春章の弟子である勝川春朗（しゅうろう）こと葛飾北斎もまた、その若き才能を蔦重に見出された表現者のひとりである。蔦重の生涯のキャリアを通じて、こうした江戸文化人のネットワークが、彼の仕事を支えていたのであった。

青楼美人合姿鏡 北尾重政・勝川春章画　国立国会図書館蔵

「蔦重が本屋を始めた頃、すでにスター絵師であった北尾重政、勝川春章による共作絵本。描かれている遊女に網羅性もないことから、ただの遊女評判記ではなく、『一目千本』や『急戯花之名寄』と同様、遊女や遊女屋から出資を受けた上で、吉原の行事に合わせた土産物・贈呈品として作られたと見られる優品である。豪華な多色摺り絵本で、春夏秋冬別に遊女たちの様子が描かれている。

蔦屋重三郎の生涯

富本正本・往来物で堅実な商売

次々に気鋭の新作を出す蔦重の版元業を支えたのは吉原だけではない。教科書など、確実に売れる本で経営基盤を作る堅実家だった。

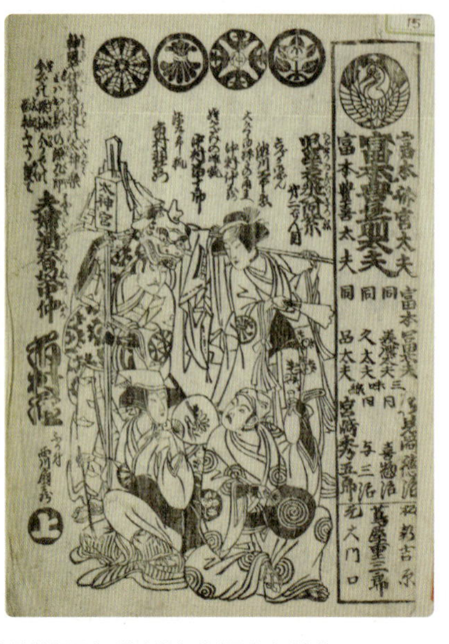

夫婦酒替奴中仲　中村重助作　東京大学教養学部国文・漢文学部会（黒木文庫）蔵
安永後期には、江戸浄瑠璃の富本節が流行し、全盛を迎えた。その影響から、浄瑠璃の節回しなどをまとめた「正本」やその教則本の需要が高まっていた。めざとい商売人である蔦重はいち早くこの市場に参入し、本を作っている。本作も富本節・正本のひとつで、蔦屋重三郎が版元である。

手堅く売れる商品で経営基盤を構築

後述するように、蔦重は天明期に流行した狂歌本への参入、喜多川歌麿の美人大首絵のヒット、東洲斎写楽を見出し大量の役者絵を仕掛けるなど、大胆な一手を繰り出したヒットメーカーである。しかし、当時も今も、出版業はある種の水物であり、浮き沈みも激しい。だからこそ、意外にも思われるかもしれないが、蔦重の経営戦略は、奇をてらわず、あくまでも正攻法である。吉原細見のような定期刊行物で確実に収入を得て、かつ損のない、あらかじめ出資を得た遊女評判記などで経営基盤を安定させることが第一であった。この時代、同じように安定した収入となったのが、流行となった「富本節」の正本や稽古本、そして手習いの教科書に使われた「往来物」である。

富本節とは江戸浄瑠璃豊後節のひとつで、人気太夫の登場により、ブームに火がついた。蔦重は1778（安永7）年頃に、富本の版株を取得して、正本や稽古本の出版に着手。初演時に刊行される正本の表紙には、浄瑠璃の所作の絵が描かれたが、蔦重版は北尾政演（山東京伝）や喜多川歌麿らが担当した。

往来物の出版は、現代で言う教科書出版である。寺子屋の発達とともに、簡単な読み書きや、より実用的な数字の計算など、主に幼童向けの手習の書として流通した。蔦重は1780（安永9）年頃より往来物を手掛けるようになり、寛政期前半頃まで、ほぼ毎年のように刊行した。値段は安価であったが、一度作れば何度も摺りを重ねることができるロングセラー商品で、安定した収入が得られた。こうして、あまりリスクを背負わずに、蔦重は経営基盤の強化を図ったのである。

先述した蔦重研究の第一人者・鈴木俊幸氏は、このような堅実な経営を行う蔦重について、「『投機』『冒険』の語は蔦重に似合わない」「極めて優れた商人であった」と評している（『別冊太陽　蔦屋重三郎の仕事』より）。

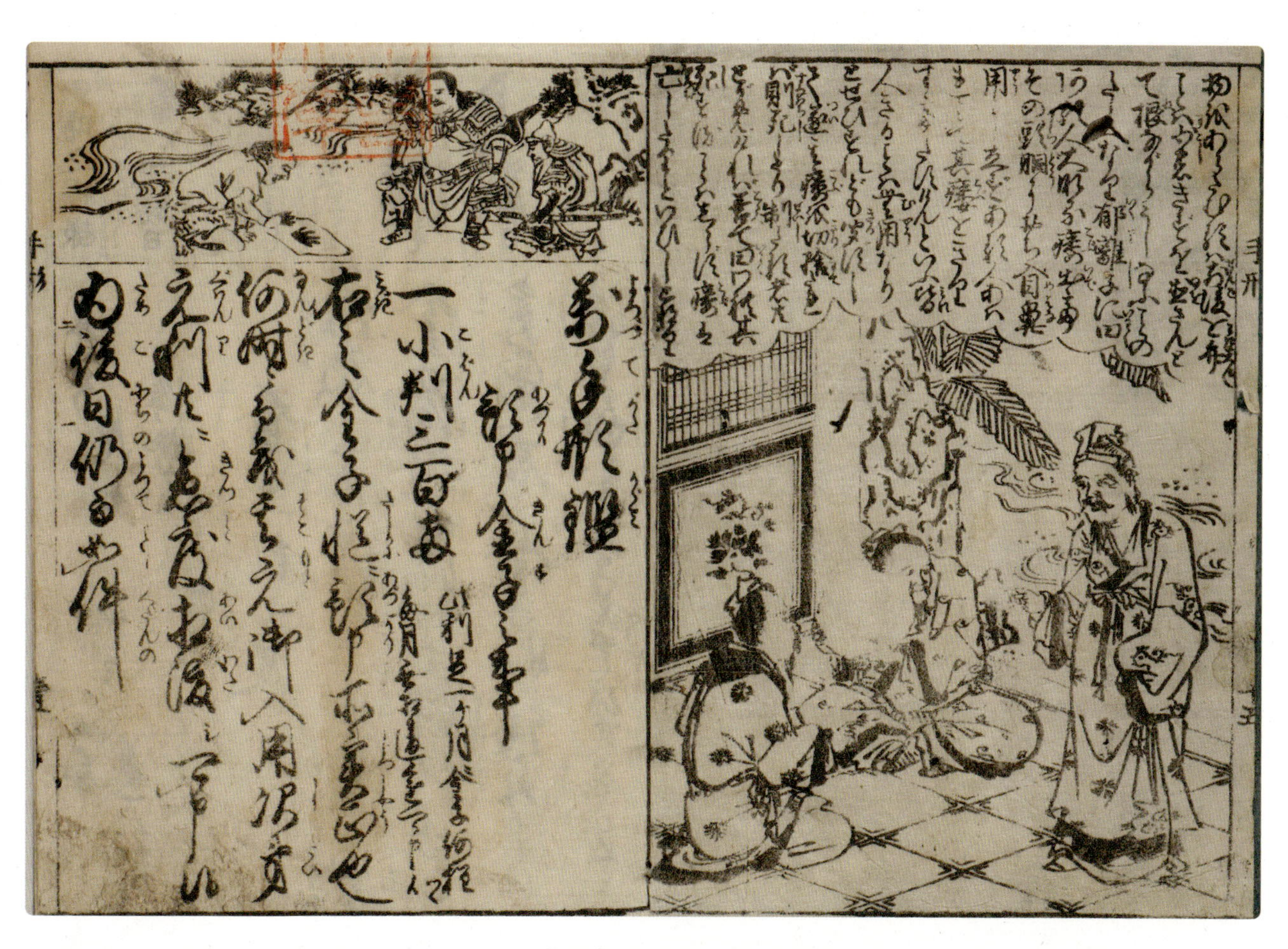

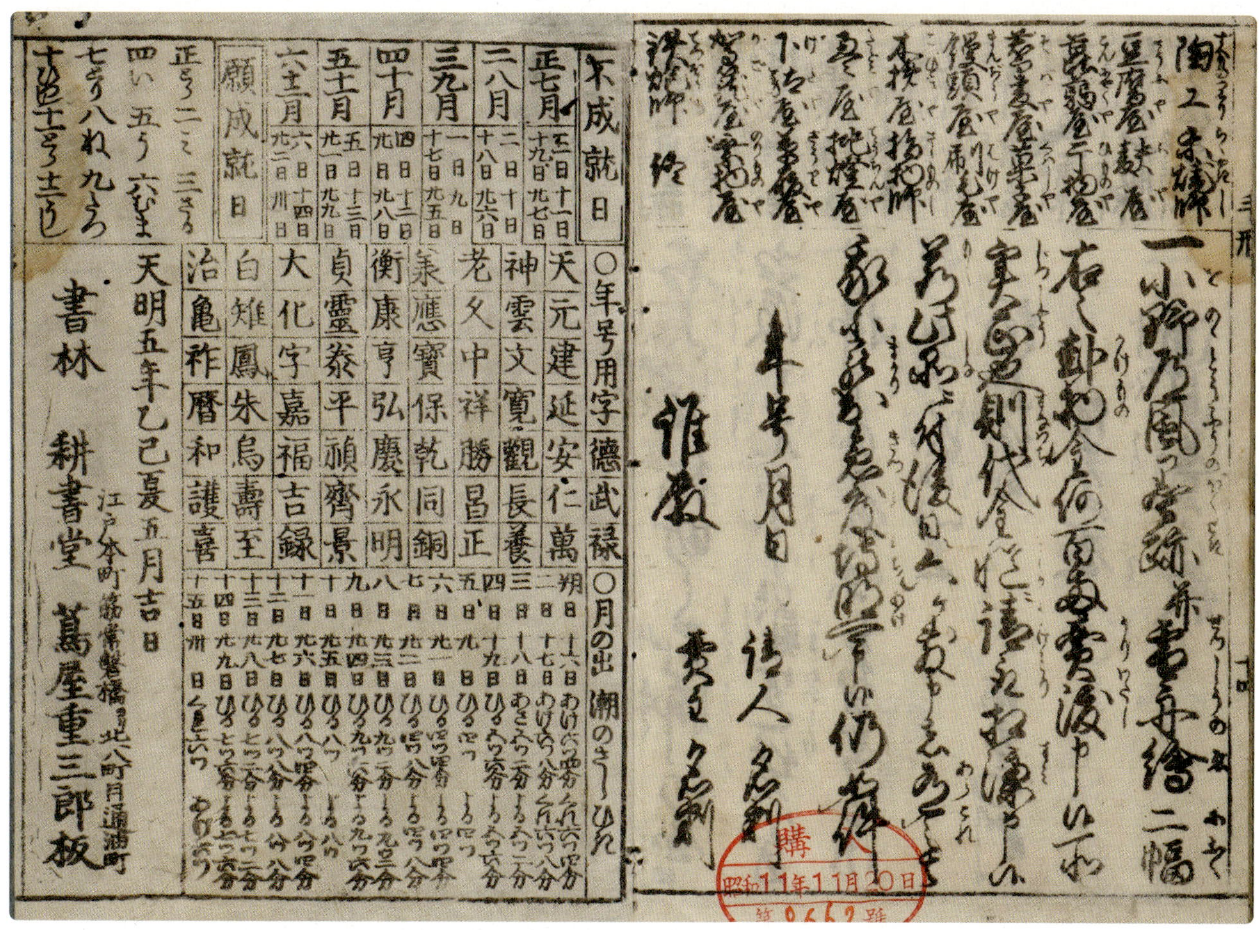

万手形鑑 東京学芸大学附属図書館(望月文庫)蔵

子供向けの手習いの教則本、すなわち教科書として使われたのが往来物だった。主に数字の計算や文字の読み書きの修練など、実利的な内容のものが多い。江戸時代には各地に寺子屋が設置され、教育需要の高まりから、庶民向けの往来物が多数作られた。一度作った版木の使い回しもできたことから、確実な売上が見込めた堅実な商品であった。

蔦重も参入・天明狂歌一大ブームに!!

大田南畝らを中心に天明狂歌ブームが起こると、蔦重も流行をいち早く察知。独自の狂歌絵本で人気を博した。

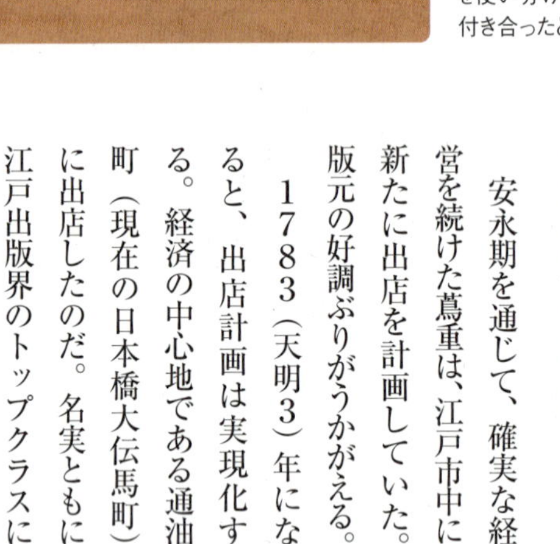

大田南畝像（『近世名家肖像』より）
谷文晁画　東京国立博物館蔵
天明狂歌ブームを牽引した狂歌師であると同時に、戯作や批評・評論の分野でも活躍した。狂歌名は四方赤良で、狂詩名は寝惚先生（ねぼけせんせい）、戯作名は山手馬鹿人（やまのてのばかひと）、号は蜀山人とさまざまなペンネームを使い分けた。蔦重とも親しく付き合ったとされる。

天明狂歌の流行と狂歌集・狂歌本

安永期を通じて、確実な経営を続けた蔦重は、江戸市中に新たに出店を計画していた。版元の好調ぶりがうかがえる。

1783（天明3）年になると、出店計画は実現化する。経済の中心地である通油町（現在の日本橋大伝馬町）に出店したのだ。名実ともに江戸出版界のトップクラスに仲間入りを果たした。

天明期に入ると、江戸では狂歌が一大ブームとなっていた。和歌に社会風刺やパロディを取り入れ、より滑稽かつ通俗的な内容の狂歌は、もともと「連」と呼ばれる狂歌師の集まりで、その都度、一度限り詠み捨てられる種類のものだった。「連」とは、複数人で詠まれる狂歌の性質上、自然と中心的な人物のもとに集まり、歌会が行われるようになり、その集まりやネットワークのことを指す。やがて、人気の高まりから、詠み捨てられていた狂歌を書物に書き留め、狂歌集・狂歌本として出版することが流行化しつつあったのである。

天明期にはとりわけ人気・実力の高かった四方赤良（大田南畝）、唐衣橘洲、朱楽菅江、宿屋飯盛（石川雅望）が、天明狂歌の四天王として知られるようになった。天明2年の時点で4種だった狂歌本は、翌年には19種にまで壮大するほどの加熱ぶりであった。

浮世絵と狂歌のコラボ 狂歌絵本で巻き返し

抜け目のない商売人である蔦重が、この天明狂歌ブームに乗らないわけがない。狂歌集の出版に若干出遅れた蔦重は、自身も「蔦唐丸」という狂歌名で、吉原の妓楼「大文字屋」の養子でもある狂歌師・加保茶元成（かぼちゃのもとなり）が主催した吉原連に出入りするようになり、多くの狂歌師の知遇を得た。また吉原連だけでなく、他の狂歌連とも交流し、狂歌師らを吉原に招待して接待することで、着実に人脈を広げていったのである。

こうして、朱楽菅江撰『故混馬鹿集』や四方赤良編『狂歌才蔵集』の刊行を実現し好評を博すと、矢継ぎ早に、蔦重は次なる仕掛けに着手する。

それは狂歌師と絵師のコラボレーションであり、蔦重独自の絵入り狂歌本の制作であった。1786（天明6）年には、『絵本八十宇治川』『絵本吾妻』『絵本吾妻抉』『絵本江戸爵』を一挙に刊行した。

このような蔦重の狂歌絵本で目覚ましい活躍を見せたのが、喜多川歌麿であった。蔦重は、早くから歌麿に目をかけ、寄宿させるなど面倒を見ている。歌麿の描写力を活かし、多くの狂歌絵本の挿絵を描かせたのである。

先の『絵本江戸爵』を皮切りに、1788（天明8）年には『画本虫撰』、翌年に『潮干のつと』、翌々年には『百千鳥狂歌合』と立て続けに刊行。いずれも歌麿が挿絵を手がけている。

また、寛政期にはそれぞれ月・花・雪をテーマにした『狂月坊』『普賢象』『銀世界』という狂歌絵本を刊行し、人気を博した。

まだ無名の絵師に過ぎない喜多川歌麿の可能性を見出し、狂歌絵本という独自の出版物を生み出した蔦重は、堅実なビジネスマンであると同時に、時代を読み解く類稀な才能を持った名プロデューサーだったと言える。

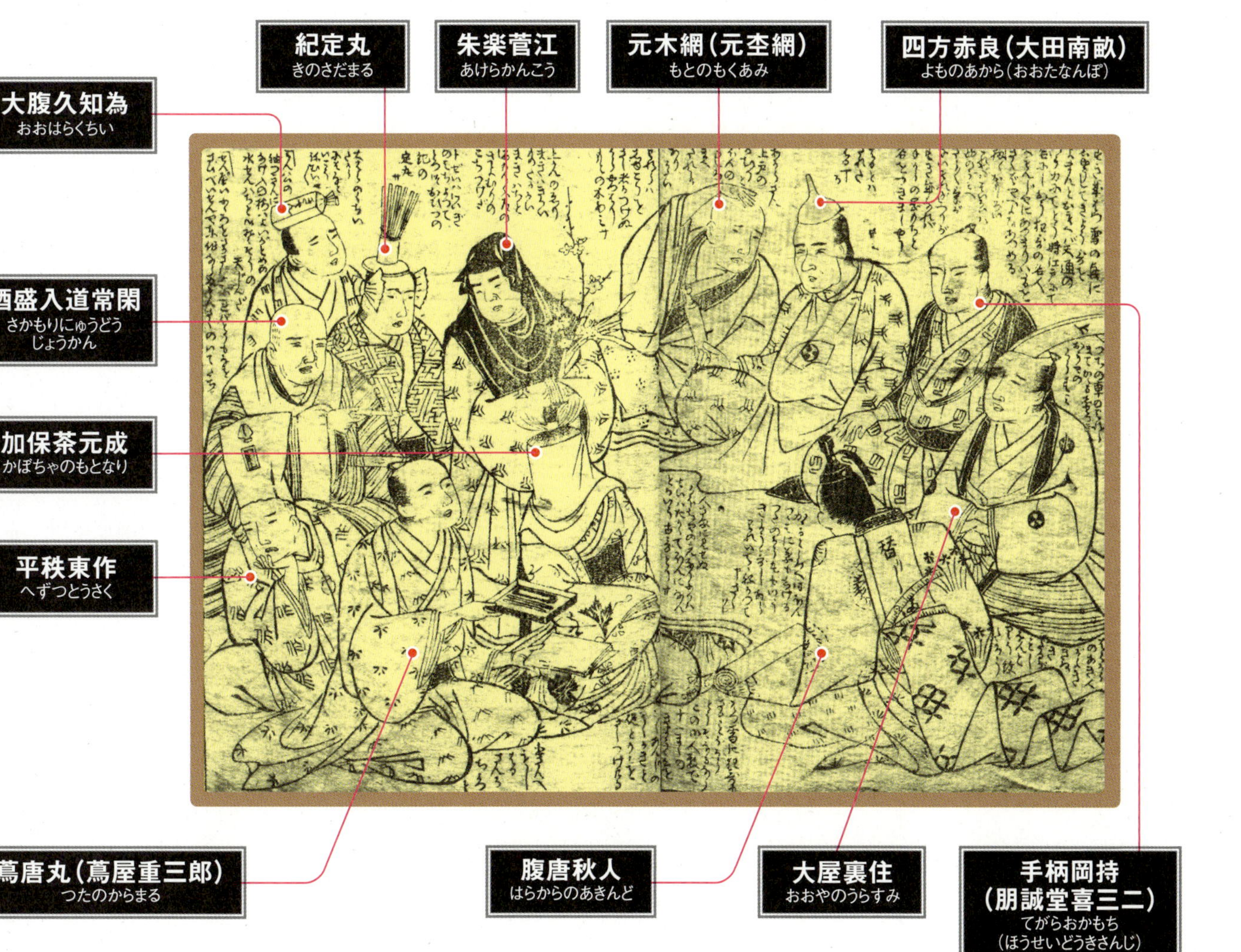

吉原大通会　恋川春町作・画　国立国会図書館蔵

蔦重は版元でありながら、蔦唐丸という狂歌名で、狂歌師たちの集まり＝連に出入りしていた。本作では天明狂歌の狂歌名人たちが、一堂に会する場面が描かれる。手柄岡持こと朋誠堂喜三二を当て込んだ主人公のもとに集まる狂歌師たちはみな仮装をしているが、蔦屋重三郎こと蔦唐丸は仮装をせずに、筆を出してみなに狂言を書くよう促すなど、商売に余念がない。

潮干のつと　朱楽菅江編･喜多川歌麿画　国文学研究資料館蔵
朱楽菅江の八重垣連の狂歌絵本。まさに貝づくしと言うべき、細かな描写の貝で紙面が構成されている。貝の上に36人の狂歌師が寄せた作品が配置されている。

百千鳥狂歌合　赤松金鶏編･喜多川歌麿画　国立国会図書館蔵
30人の狂歌師が鳥をテーマに狂歌を詠んだ狂歌合が、喜多川歌麿の細かな自然描写の光る鳥の図に添えられた狂歌絵本。前後2編からなる。

狂月坊　紀定丸撰・喜多川歌麿画　国立国会図書館蔵
蔦屋重三郎の企画で、喜多川歌麿の挿絵5点を前面に押し出し、これに狂歌を添えた、画帖仕立ての多色摺り狂歌絵本が矢継ぎ早に刊行された。雪・月・花三部作と称される作品のうち、本作は「月」をテーマとした狂歌絵本。

銀世界　宿屋飯盛撰・喜多川歌麿画　国文学研究資料館蔵
蔦重の企画・歌麿による挿絵の雪・月・花三部作の狂歌絵本のうち、本作は「雪」をテーマとした狂歌絵本。
雪遊びをする唐子（中国風の格好をした子供）が描かれている。

蔦屋重三郎の生涯

人気の黄表紙を大量に世に送り出す

大人向けの諧謔的な絵本・黄表紙が流行すると、蔦重も率先して黄表紙出版に参入。大量の出版点数で市場を席巻する。

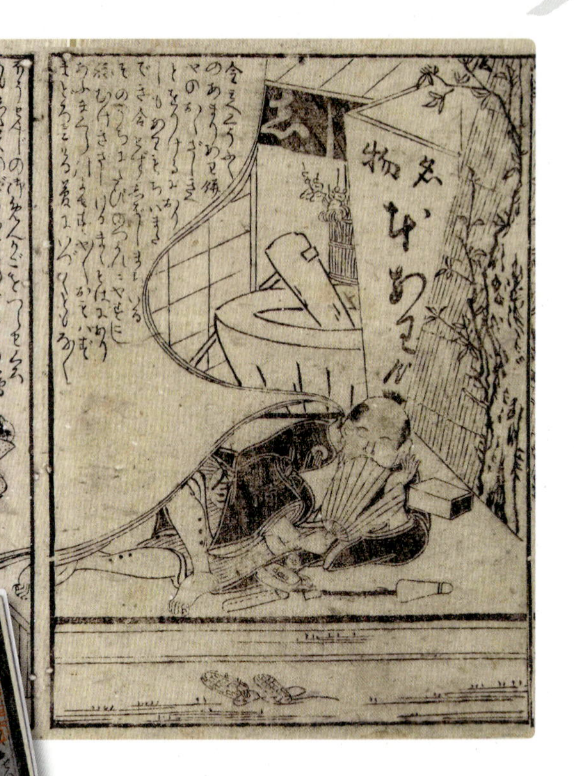

金々先生栄花夢
恋川春町作・画　東京都立中央図書館蔵
1775(安永4)年に鱗形屋から刊行された恋川春町の本作によって、黄表紙の誕生となった。元来、子ども向けだった草双紙が、本作を機により大人向け絵本として多数刊行されていくこととなる。

流行の本を確実に刊行するブランド戦略

長らく出版文化の中心は上方であったが、江戸の開発とともに、江戸市中にも版元が登場し、独自の出版を展開するようになった。娯楽読み物の草双紙などの本は、江戸では「地物」を意味する「地本」と称され、洒落本や滑稽本など江戸ならではの発展を遂げたのである。草双紙は当初は子供向けの絵本として「赤本」から始まり、芝居物・敵討物を中心とした「黒本」、より大人向けの内容で萌黄色の表紙となった「青本」が人気となった。そこにひとつの契機となったのが、1775(安永4)年、鱗形屋から刊行された恋川春町『金々先生栄花夢』であった。最新の流行を取り入れ、当時の社会風俗を笑い飛ばす、より知的でより大人向けとなった戯作である。

これを機に、日焼け対策として、初めから黄色い安価な表紙を用いたことで「黄表紙」と呼ばれるようになった、新たな絵本が誕生した。安永末から天明にかけて、黄表紙は爆発的に出版部数が増えていく。吉原細見の場合と同様に、鱗形屋の衰退とともに、ここに参入したのが蔦重であった。鱗形屋が抱えた恋川春町や朋誠堂喜三二らを起用し、蔦重自らも戯作者として黄表紙を刊行した。

このように、流行の絵本を手掛けることが、蔦屋・耕書堂のひとつのブランド戦略だったと言うことができる。

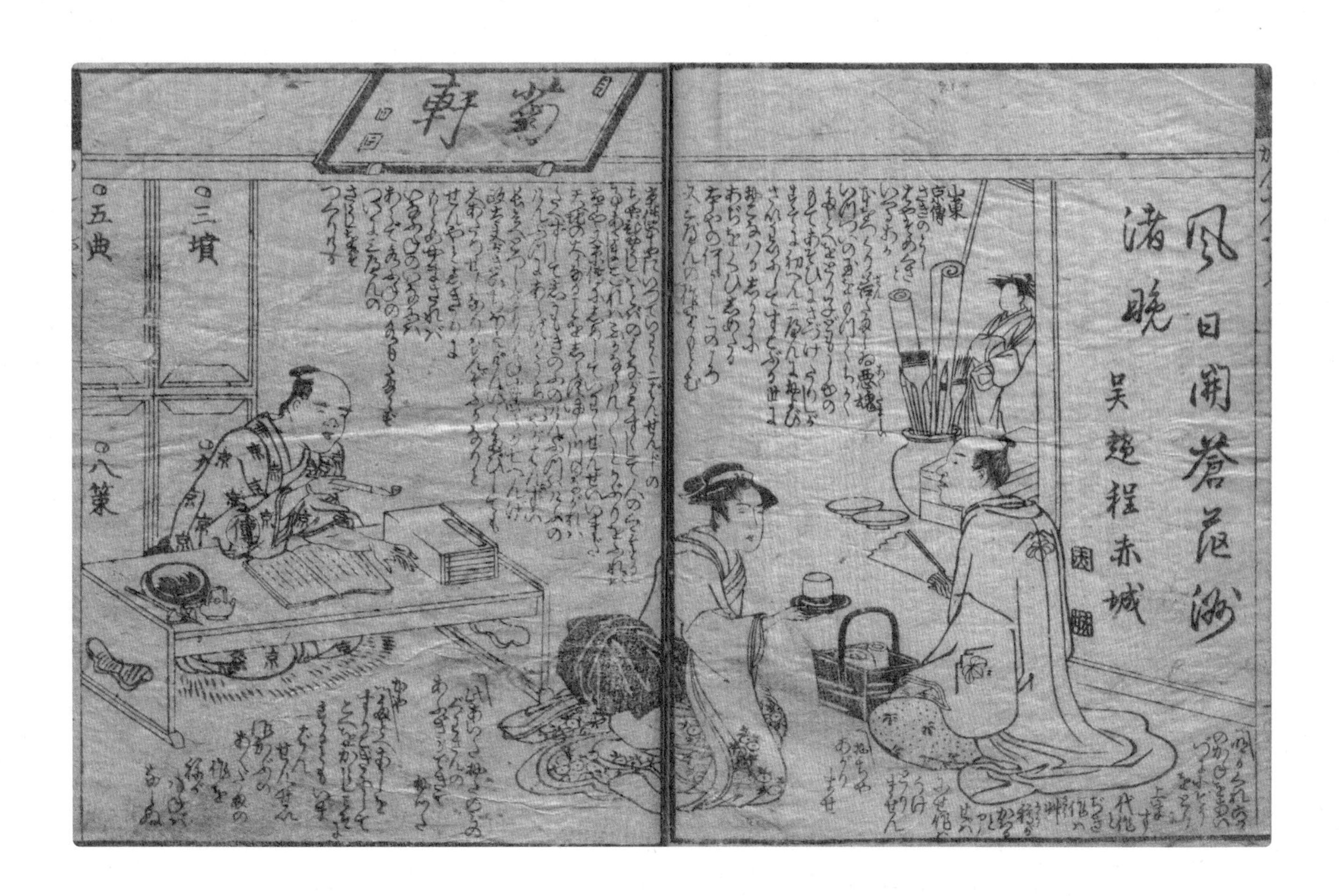

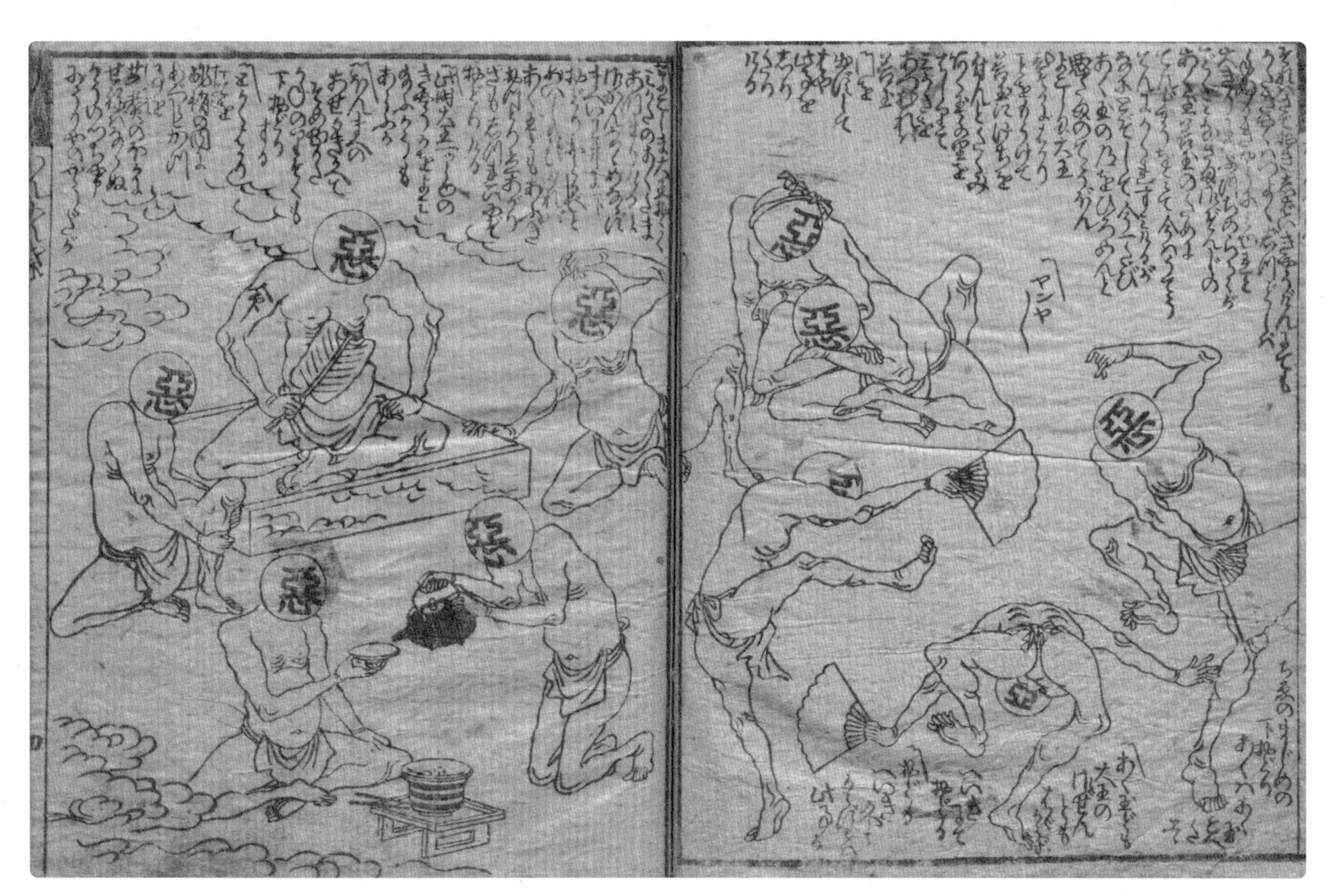

堪忍袋緒〆善玉　山東京伝作　国立国会図書館蔵
悪い心を起こす「悪玉」とその所業を止めようとする「善玉」が入り乱れて、さまざまな混乱を巻き起こすという筋の黄表紙作品。冒頭には、蔦屋重三郎が作者の山東京伝に、戯作の依頼をする様子が描かれる。

身体開帳略縁起

蔦唐丸作・北尾重政画　国立国会図書館蔵

蔦屋重三郎は自身の版元から黄表紙を刊行するだけでなく、自ら作者として黄表紙を作った。本作はその2作目に当たる黄表紙作品である。巻末には蔦重本人が登場し、「当年は作者払底につき、自作至って拙き一作の草紙御覧に入ます」と読者に年始の挨拶をするという趣向となっている。

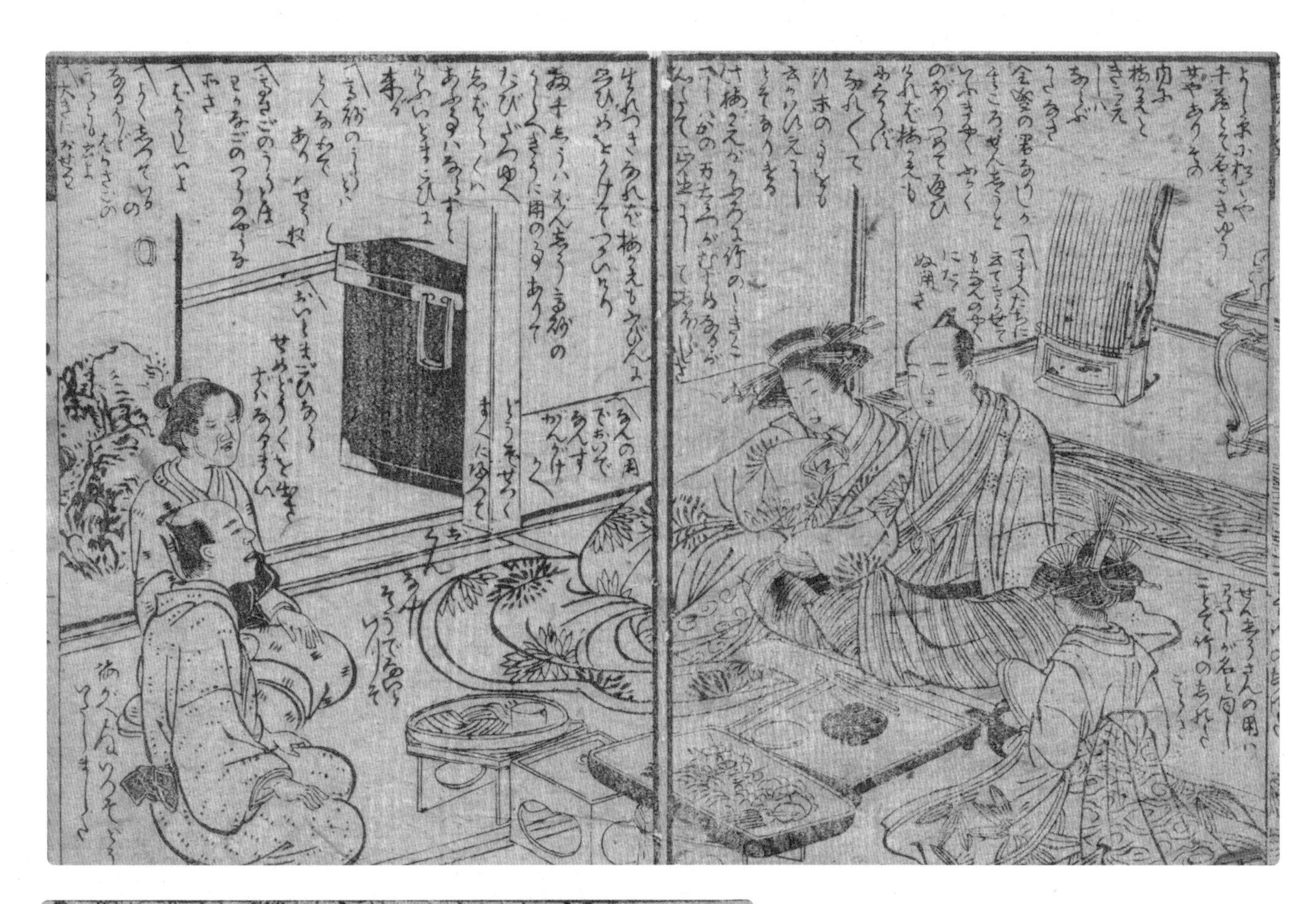

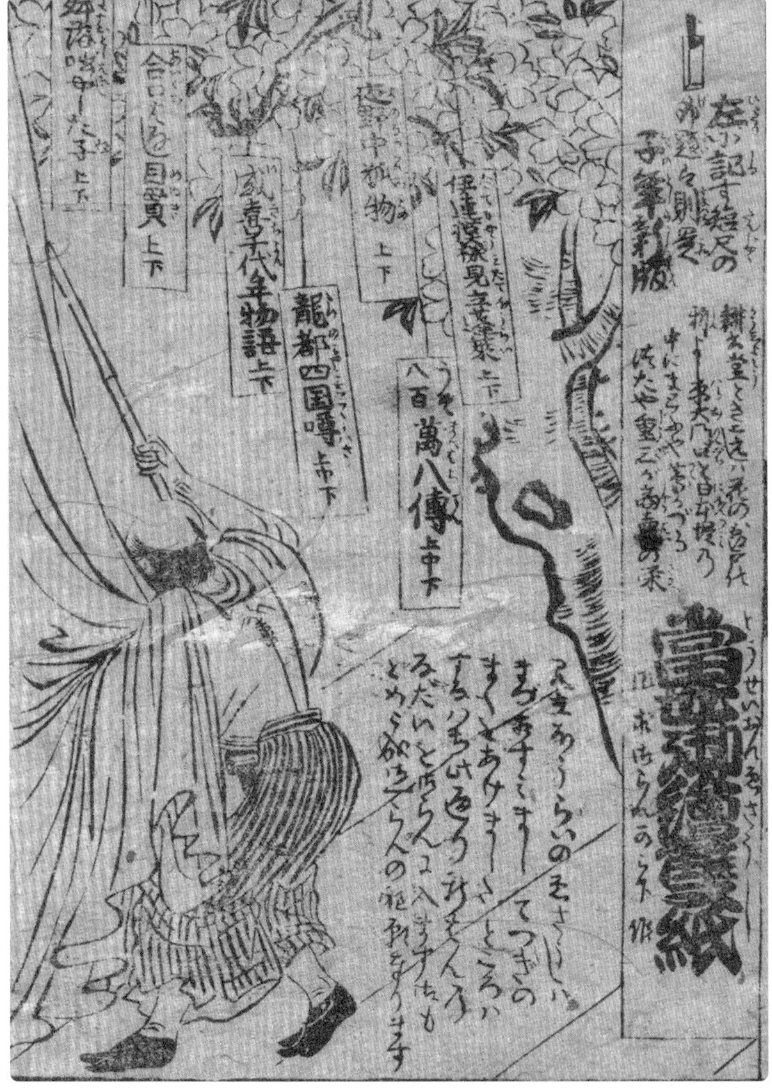

伊達模様見立蓬莱
作者未詳　国立国会図書館蔵
安永9年には蔦重は一挙に15種もの黄表紙を刊行し、黄表紙の出版に参入した。本書の最後には、「入山形」に「喜」という当時の蔦重の印が描かれた男が、芝居の幕を上げる。舞台上の木に下げられた短冊は、黄表紙の新版目録となっており、いわば巻末の自社広告という趣向になっている。

蔦屋重三郎の生涯

洒落本・黄表紙と寛政の出版統制

天災と飢饉によって大きく揺れた政情に蔦重版の黄表紙が切り込む。締め付けが厳しくなる出版統制に、とうとう処分を受ける。

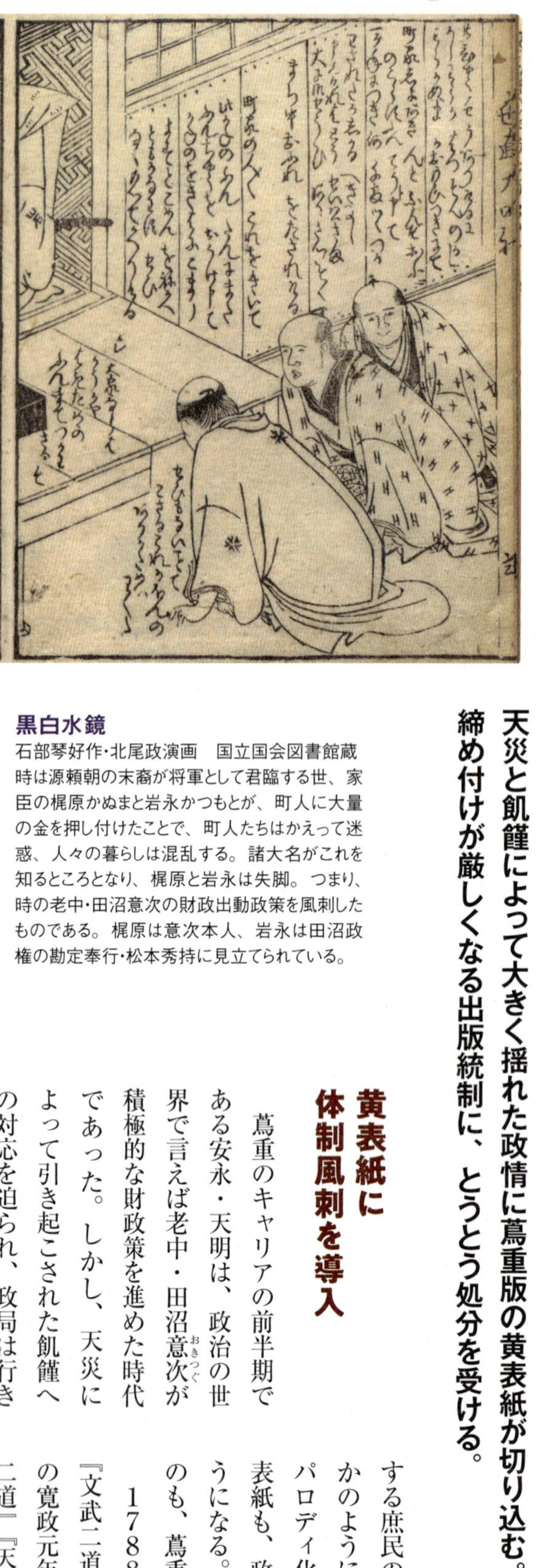

黒白水鏡
石部琴好作・北尾政演画　国立国会図書館蔵
時は源頼朝の末裔が将軍として君臨する世、家臣の梶原かぬまと岩永かつもとが、町人に大量の金を押し付けたことで、町人たちはかえって迷惑、人々の暮らしは混乱する。諸大名がこれを知るところとなり、梶原と岩永は失脚。つまり、時の老中・田沼意次の財政出動政策を風刺したものである。梶原は意次本人、岩永は田沼政権の勘定奉行・松本秀持に見立てられている。

黄表紙に体制風刺を導入

蔦重のキャリアの前半期である安永・天明は、政治の世界で言えば老中・田沼意次が積極的な財政策を進めた時代であった。しかし、天災によって引き起こされた飢饉への対応を迫られ、政局は行き詰まり、老中職を追われた。その後、政権の座についた松平定信は、田沼時代とは一変して質素倹約策を是とした緊縮財政策をとった。飢饉対策として米や金銭を貯蓄させる備荒貯蓄策を推進するとともに、武士には学問と武芸を奨励し、引き締めを図った。いわゆる寛政の改革である。

こうした不安定な政治に対する庶民の気持ちを代弁するかのように、それまで風俗をパロディ化する内容だった黄表紙も、政治を題材にするようになる。その先鞭を付けたのも、蔦重であった。

1788（天明8）年には、『文武二道万石通』が、翌年の寛政元年には『鸚鵡返文武二道』『天下一面鏡梅鉢』『黒白水鏡』と、田沼政権・松平政権の政治体制をパロディ化して風刺する黄表紙が刊行された。『黒白水鏡』以外は、版元は蔦重である。

ところが、寛政の改革が推進されるなかで、出版に対する統制や規制も強化されるようになっていた。蔦重が刊行した黄表紙も例外ではなかったのである。

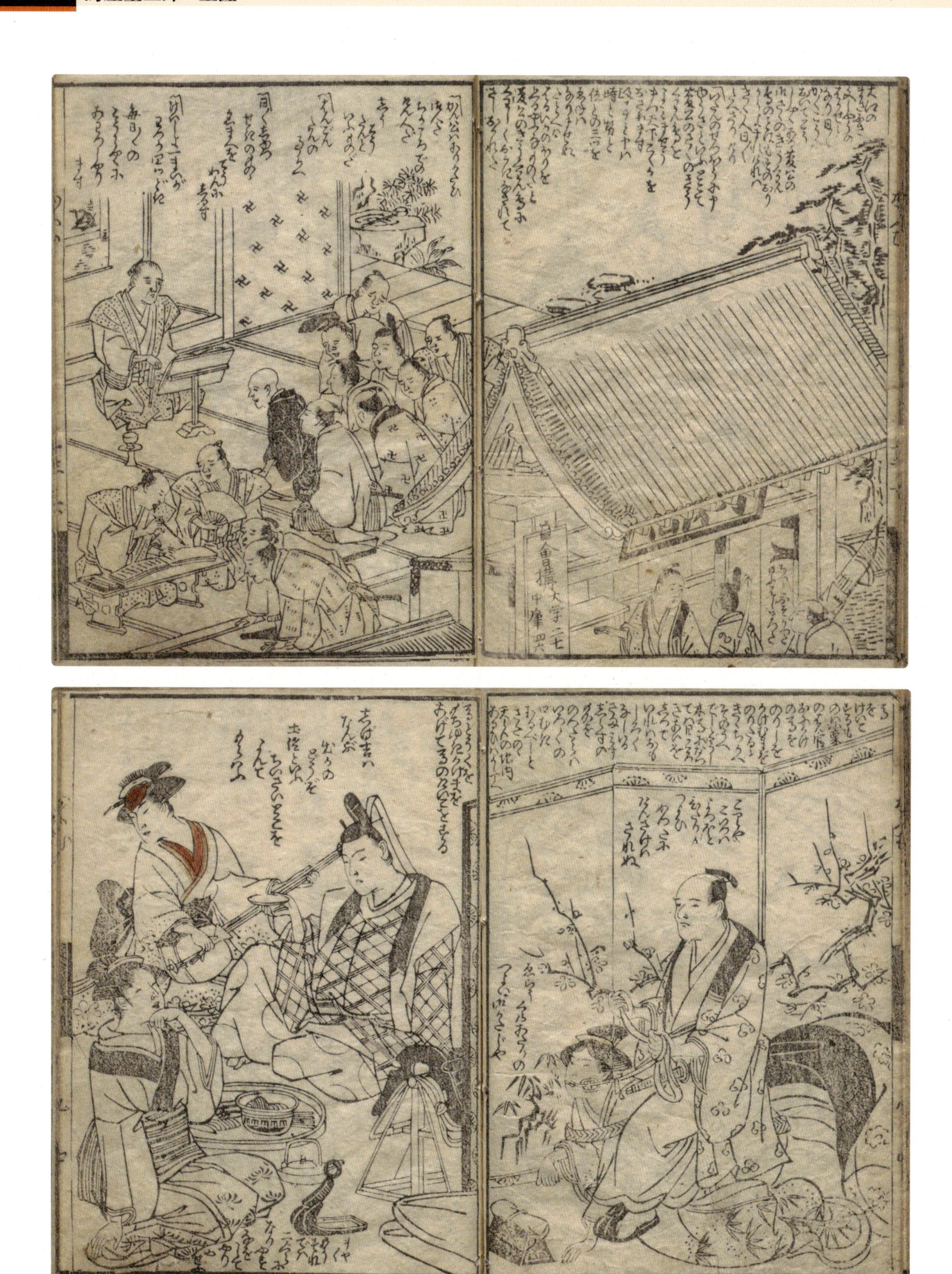

鸚鵡返文武二道　恋川春町作・北尾政美画　国立国会図書館蔵

贅沢が横行する時代を嘆き、醍醐天皇は質素な衣服を身につけて、率先して倹約に務める。さらに補佐役の菅秀才が、平和の世の中では人々が武芸を怠ってダメだと、武芸を奨励し、そのための指南役として過去の偉人を召喚する。質素倹約を敷いた松平定信の寛政の改革を風刺している。

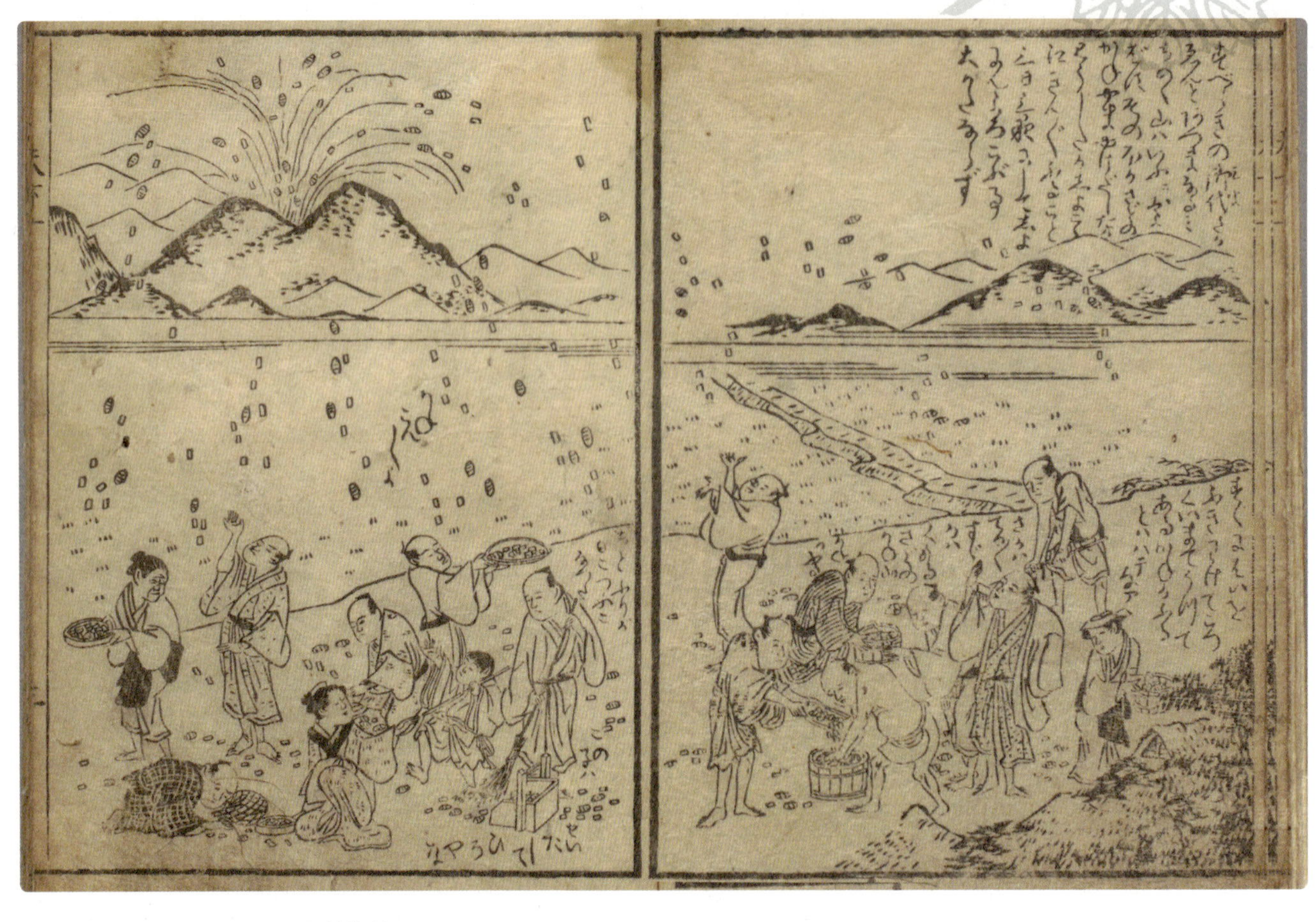

天下一面鏡梅鉢　唐来参和作・長喜画　国立国会図書館蔵
佐渡の金山が噴火すると、各地に金銀の雨が降り、豊かな世（「とざさぬ世」）となった。とざさぬ世であるから、人々は家の戸を打ち壊すなどして、暴れる。明らかに天明の飢饉を端に発した庶民たちによる打ちこわしの様子を描いたものだろう。武芸を好む為政者によって、勧進剣術が開かれるなど、文武奨励を推進した松平定信に対する皮肉である。

朋誠堂喜三二と恋川春町を失う

蔦重が相次いで繰り出した黄表紙は、時の政権を茶化し、風刺した内容であったことから、絶版処分を受ける結果となった。『文武二道万石通』で将軍・徳川家斉と老中・松平定信を茶化した朋誠堂喜三二は、郷里の秋田藩から圧力がかかり、断筆を余儀なくされた。また、『鸚鵡返文武二道』によって、同じく寛政の改革を風刺した恋川春町は、幕府から出頭を命じられた。春町は病気を理由にこれに応じなかったが、その最中に病没した。一説には自殺だったのではないかとも言われている。

こうして、蔦重は朋誠堂喜三二と恋川春町という黄表紙の二代巨頭を一挙に失うという窮地に立たされた。

出版統制によって身上半減に

寛政の改革と出版統制の強化が推し進められるなかで、武家の戯作者たちが表舞台から退場せざるを得なくなったとき、蔦重が目を付けたのが、北尾派の絵師であった北尾政演こと山東京伝であった。

町人出身の京伝は、大田南畝の激賞を受け、戯作者として才能を発揮していた。町人出ということで、武家に対する締め付けには関与せず、恋川春町や朋誠堂喜三二に代わる戯作者として、白羽の矢が立ったのであった。こうして、天明4年以降、毎年のように京伝は蔦重のもとから、作品を刊行した。ところが、立て続けに刊行した『娼妓絹籭』『仕懸文庫』『錦之裏』と3つの洒落本が、風紀を乱すとして、厳格化した出版統制令に抵触してしまう。これにより、1791（寛政3）年、山東京伝は手鎖50日の処分を受け、蔦重もまた身上半減（財産の半分を没収）となった。

しかし、ただでは起きないのが蔦重である。浮世絵という、次なる一手を準備しつつあった。

文武二道万石通　朋誠堂喜三二作・喜多川行麿画 1788（天明8）年正月　国立国会図書館蔵
武士たちが戦いを忘れ、その備えを怠っていることを憂いた源頼朝が、側近の畠山重忠に命じて、まるで軍事演習のように富士山の麓の洞穴に諸大名を集めて、文武二道に振り分けるという粗筋。子供の姿で描かれる頼朝は時の将軍・徳川家斉、重忠は老中の松平定信を見立てたもので、暗に松平政権の政策を皮肉っている。

蔦屋重三郎の生涯

喜多川歌麿と美人大首絵の成功

出版統制で処分されるもタダでは起きない蔦重。新たに浮世絵界に参入し、歌麿の美人画をプロデュース。

高島おひさ　喜多川歌麿画　大英図書館蔵
丸に三つ柏紋が描かれた団扇を持つ女性は、両国薬研堀の煎餅屋・高島長兵衛の長女・おひさ。美人と評判だったようで、しばしば歌麿の美人大首絵の題材とされた。江戸では、鈴木春信の登場以来、華やかな吉原の遊女だけでなく、市井の美女を描いた「素人娘」ブームが起きた。

歌麿が描く艶やかな美人画

多色摺りの錦絵が開発・普及されて以降、年々浮世絵の市場は拡大しつつあった。黄表紙や洒落本への統制で痛手を被った蔦重は、起死回生の一手として、浮世絵市場に本格的に参入する。その担い手として抜擢したのが、喜多川歌麿であった。

歌麿は狩野派に連なる町絵師・鳥山石燕に師事したが、石燕と交流を持った北尾重政とも深い繋がりがあったとされる。『古画備考』によれば、「石燕の弟子である歌麿は、弟子同然である」とある。重政と関係の深い蔦重もこうしたネットワークを通じて、歌麿と早くから知り合った可能性が高い。当初は北川豊章という画名で活動したが、蔦重が刊行した黄表紙の表紙を手がけた際に、初めて「うた麿（歌麿）」の名を用いた。やがて、蔦重の姓と同じ「喜多川」を名乗るようになる。蔦重宅に寄宿し、蔦重が出入りした吉原連にも参加。おそらく蔦重を通じて、吉原の人間とも関わりを持ったと思われる。

そうした経験が培った人間描写からか、歌麿が描く美人画は、それまでの流行の鳥居清長の美人画とは全く異なるものだった。清長が描く女性が清廉で健康的ならば、歌麿が描く女性は艶やかでその内面性が表に滲み出ているような、匂い立つ美人である。寛政期はじめには、役者絵を模したバストショットの大首絵を、蔦重のもとから出し、大ヒットとなった。

寛政三美人
喜多川歌麿画　個人蔵
当時、美人と評判であった市井の娘たちを題材に描かれた美人大首絵。両国の煎餅屋の娘・高島おひさ(左下)、芸者の富本豊雛(中央)、浅草の水茶屋の難波屋おきた(右下)はそれぞれ特定の図像によって描き分けられる。富本豊雛は富本節の桜草紋様、おひさは着物に描かれた三つ柏紋、おきたは団扇に描かれた桐紋によって象徴される。

婦女人相十品
ポペンを吹く娘
喜多川歌麿画
東京国立博物館蔵
喜多川歌麿の初期美人大首絵のシリーズ「婦人相學十躰／婦女人相十品」は、名前の通り10枚の連作を企図していたとされるが、いずれも10枚に満たず完結はしなかったと思われる。両者に共通する図様もあり、本作「ポペンを吹く娘」も「婦人相學十躰／婦女人相十品」双方に見られる。ポペンとは息の出し入れで「ポッ」「ペン」と音が鳴るビードロ細工。

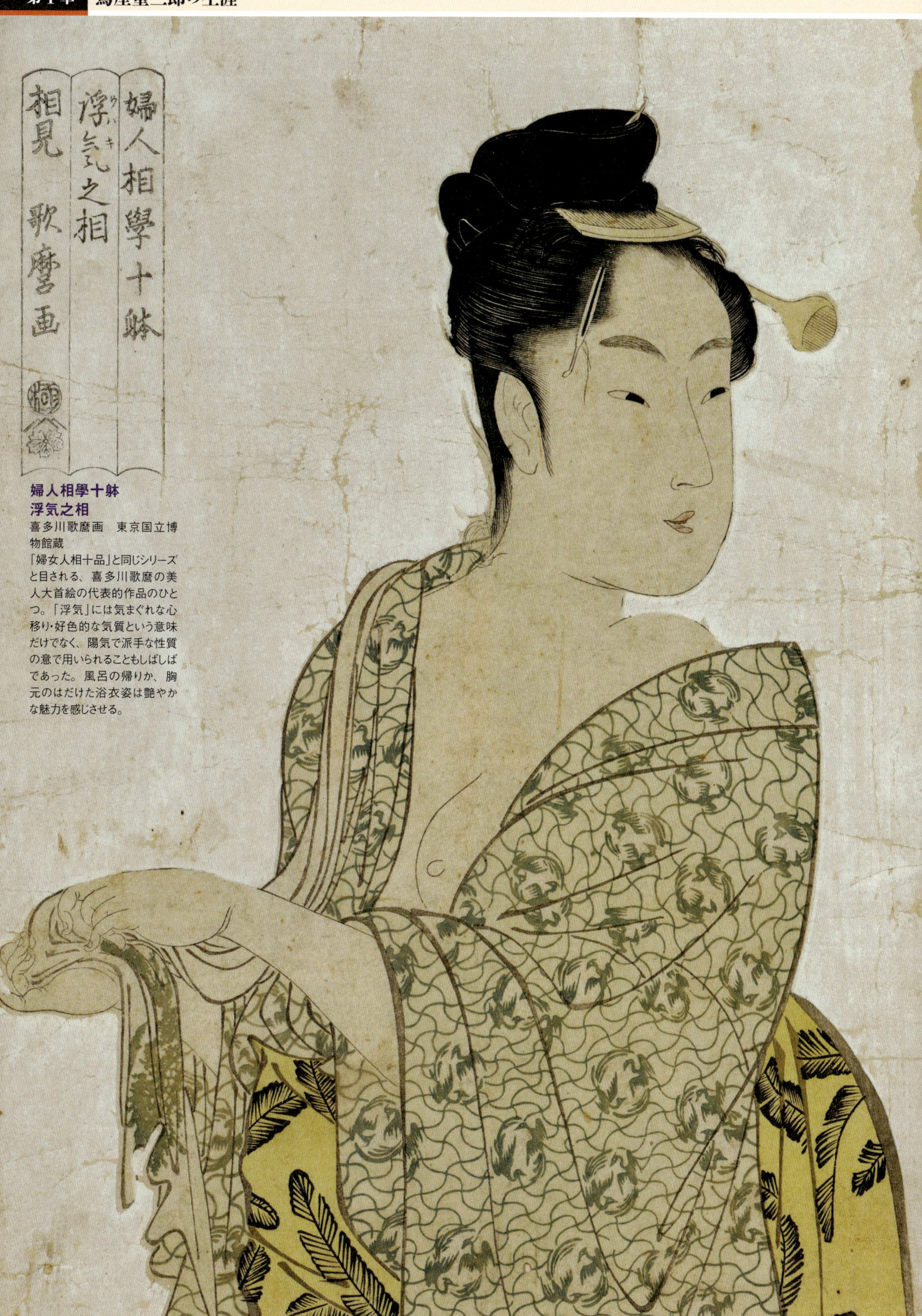

婦人相學十躰
浮気之相
喜多川歌麿画　東京国立博物館蔵
「婦女人相十品」と同じシリーズと目される、喜多川歌麿の美人大首絵の代表的作品のひとつ。「浮気」には気まぐれな心移り・好色的な気質という意味だけでなく、陽気で派手な性質の意で用いられることもしばしばであった。風呂の帰りか、胸元のはだけた浴衣姿は艶やかな魅力を感じさせる。

蔦屋重三郎の生涯

東洲斎写楽の役者絵、奇跡の10カ月

美人画の成功後、今度は役者絵に目をつけた蔦重。新たな才能・東洲斎写楽を見出し、大量の役者絵刊行で市場独占を目指す。

第1期

東洲斎写楽のデビューは、1794（寛政6）年5月の歌舞伎の興行を題材にして描かれた大首絵を中心とする役者絵である。第1期では28種もの作品が一度に刊行され、写楽作品のなかでも最も評価が高い。雲母摺の背景で塗りつぶされ、豪華な印象を抱かせる。

「花菖蒲文禄曽我」三代目坂田半五郎の藤川水右衛門
東洲斎写楽画 1794（寛政6）年5月 東京国立博物館蔵
写楽の第1期シリーズが題材とした寛政6年5月興行での演目「花菖蒲文禄曽我」に取材した作品。二代目半五郎の十三回忌追善として催され、この水右衛門は二代目半五郎の得意とした役である。このときの興行では半五郎の名を継いだ三代目が同役を務めた。

役者絵市場の独占を画策した蔦重の戦略

美人大首絵がヒットすると、次第に歌麿の名声も高まり、蔦重専属とはいかなくなる。他の版元からの仕事も増えるなかで、蔦重の次なる企画は、役者絵の市場であった。歌舞伎の興行に合わせて出版された役者絵は、現代で言えば俳優・アイドルの生写真といったところだろうか。この市場の独占を目指して、１７９４（寛政６）年の５月興行より、翌年の１７９５（寛政７）年の正月興行まで、１５０点近くもの役者絵を一挙に売り出したのである。そのすべての制作を担ったのが、東洲斎写楽であった。活動期間はわずか10カ月ほどで、その作品のすべてが蔦重のもとから刊行されている。

10カ月という濃縮された写楽の仕事は、寛政6年5月から寛政7年正月までの4回の興行に分けて出された作品群に基づいて、第1期から第4期に分類される。

最も評価が高いのは、寛政6年5月興行に当て込んで作られた大首絵で、それ以降は絵のバリエーションも少なく、描写の乱れなどもあり、評価は低い。実は、写楽は素人絵師で、能役者・斎藤十郎兵衛がその正体だというのが定説である。

写楽を起用し役者絵市場の独占を目指した蔦重であったが、そこまでには至らなかったものの、後世には強烈なインパクトを残したと言える。

「花菖蒲文禄曽我」二代目嵐龍蔵の金貸石部金吉　東洲斎写楽画　東京国立博物館蔵
嵐龍蔵は、写楽が活躍した時代の実悪（歌舞伎における悪人役）の役者で、坂田半五郎や尾上松助に次ぐ人気を誇った。本作では、厳しく金を取り立てる金貸・金吉を演じている。

「恋女房染分手綱」
三代目大谷鬼次の江戸兵衛

東洲斎写楽画　東京国立博物館蔵
写楽の第1期作品のなかでも最も有名で、人気の高い1枚。元来、「奴江戸兵衛」とされてきたが、美術研究者の浅野秀剛氏による上演資料の調査で、「奴」はつけないことが判明した。突き出された両手は明らかにデッサンの狂いがあるものの、印象的な顔の表情が際立つ。写楽が素人絵師だったのではないかとするゆえんのひとつである。

第2期

1794（寛政6）年7月、8月興行に取材して矢継ぎ早に描かれた38種が、写楽の第2期作品とされる。第1期は全て大首絵で構成されたが、第2期は全身かつ複数人を描いたものに変わっている。

都座口上図　東洲斎写楽画　東京国立博物館蔵

巻紙をもって口上を述べている老人については、都伝内か初代篠塚浦右衛門、あるいは都座の頭取か、と諸説ある。都伝内は倒産した中村座に代わり、座元を務めていた。また篠塚浦右衛門は当時の都座では口上役だったとされる往年の人気役者である。最後の頭取説は、元来、芝居の口上は頭取の仕事だったからとされるためである。いずれにしろ、写楽はこの老人の口上で、「自是二番目新版似顔奉入御覧候」と記し、自分の第2期役者絵の発売を宣言している。

「けいせい三本傘」三代目市川八百蔵の不破伴左衛門重勝と三代目坂田半五郎の子そだての観音坊

東洲斎写楽画　東京国立博物館蔵

歌舞伎の演目「けいせい三本傘」では、不破家と名護屋家の対立が大きな構図として描かれる。本作は最後の場面の見顕しと思われる。看板スターのひとりである市川八百蔵とともに、やはり当時のスター役者のひとり坂田半五郎が同じ1枚に収められている。二枚目で知られる八百蔵は往年の輝きではなく、分別臭い顔で描かれており、すでに器量の衰えを感じさせる。

「けいせい三本傘」三代目沢村宗十郎の名護屋山三元春と三代目瀬川菊之丞のけいせい葛城

東洲斎写楽画　東京国立博物館蔵

看板スターの名護屋山三元春と、女形の瀬川菊之丞が一枚に描かれた作品。特に菊之丞は江戸市中の土地持ちで、都座のスポンサー的な存在でもあったという。写楽の描く女形は明らかに男の顔や手足をしており、歌舞伎研究者の渡辺保氏は「写楽の浮世絵を女形が嫌がるのは当たり前」と指摘すると同時に、全身を描くことで女形の男性性を暴いたものとして「非常に貴重」と述べている。

第3期

1年のうちで最も力を入れる11月の顔見世興行に取材した第3期作品。大首絵から全身絵まで60種以上もの作品が刊行されたが、バリエーションは少なく、第1期と第2期を踏襲したものが多い。絵師としての技術不足が次第に露呈している。

「閏訥子名和歌誉」三代目沢村宗十郎の孔雀三郎なり平（紀伊国屋訥子）

東洲斎写楽画　東京国立博物館蔵

1794(寛政6)年11月の都座の顔見世興行の演目は、王代物「閏訥子名和歌誉」。王代物とは平安朝や古代の話を脚色したもので、本作は惟喬・惟仁両親王の争いに、在原業平ら六歌仙を絡めた内容となっている。沢村宗十郎は炭焼きに身をやつした孔雀三郎を演じる。

「閏訥子名和歌誉」二代目中村仲蔵の百姓つち蔵実は惟喬親王（堺屋秀鶴）

東洲斎写楽画　東京国立博物館蔵

百姓に身をやつし、黒主館に入り込んで探りを入れる惟喬親王を演じる中村仲蔵。中村仲蔵の顔の描写も、過去に描いた自身の作品をほとんど踏襲しており、正規の絵師修業を経ていない素人絵師ぶりが目につく。

第4期

年が明けて1795（寛政7）年初春興行に当て込んで描かれた第4期作品。これまで怒濤のように刊行された役者絵だったが、点数は少なくなり、わずか10点ほどである。写楽もとうとう息切れしたのか、事情は定かではないが、これ以降、東洲斎写楽の作品は浮世絵の市場に出回ることはなかった。全て、蔦屋重三郎のもとからの刊行である。

「江戸砂子慶曾我二番目」三代目沢村宗十郎の千島の家中薩摩源五兵衛
東洲斎写楽画　東京国立博物館蔵
本作は「二代目瀬川富三郎の升屋仲居おちよ」「二代目瀬川雄次郎の升屋仲居おとわ」「初代岩井粂三郎の芸者粂吉」と併せた4枚続のうちの1枚である。都座の二番目「五大力恋緘」の「洲崎料理茶屋升屋」の場面を描いたもの。実際に大坂で起きた「菊野殺し」という、自分を裏切った女性を薩摩源五兵衛が殺めた人情事件を題材にした演目で、浄瑠璃でも上演されている。

蔦屋重三郎の生涯

蔦屋重三郎、次代を見越した最後の挑戦

時代を見通し、さまざまな流行を仕掛けた蔦屋重三郎。その晩年も、曲亭馬琴・十返舎一九ら次代のスター発掘に余念がない。

学問ブーム、武芸ブームを的確にキャッチアップ

江戸の本は、漢学や医学といった専門の学問と和歌や漢詩などの古典を扱う「書物」、錦絵や草双紙などの戯作を扱う「草紙」に大別された。

言い換えれば「書物」は堅い内容の本であり、「草紙」は柔らかい内容の本である。前者を扱う本屋を「書物問屋」、後者を扱う本屋を「地本（草紙）問屋」という。

寛政の改革以降、黄表紙や洒落本といった「草紙」への統制が強まる一方、学問を奨励したことで「書物」の需要が増していた。江戸に学問ブームが訪れたのである。

流行を捉えた蔦重は、書物問屋の株を取得して、「書物」の出版に舵を切った。

また、販路拡大のため、名古屋の本屋と連携を強めるとともに、和学（国学）の台頭に着目して、本居宣長を訪ねるなど、次なるヒット作のための布石としている。文武奨励策を通じて、「武」を尊ぶ気運が高まったことを見ては、武士向けの絵本である武者絵本の制作・刊行にも着手。蔦重を初期から支えた北尾重政が挿絵を担当し、のちにシリーズ化された。

また、出版統制令によってともに処罰された山東京伝とは、後年まで関係は続いた。戯作の分野でも、表現内容を変えながら、山東京伝を軸に出版を継続している。処分後の1792（寛政4）年以降は、京伝の黄表紙はほぼ蔦重とライバル版元である鶴屋喜右衛門の独占となった。翌寛政5年には蔦重は10種もの京伝作品を世に送り出している。まさに盟友である。

本居宣長（『國文学名家肖像集』より）

曲亭（滝沢）馬琴（『戯作者考補遺』慶應義塾図書館所蔵より）

十返舎一九（『戯作者考補遺』慶應義塾図書館所蔵より）

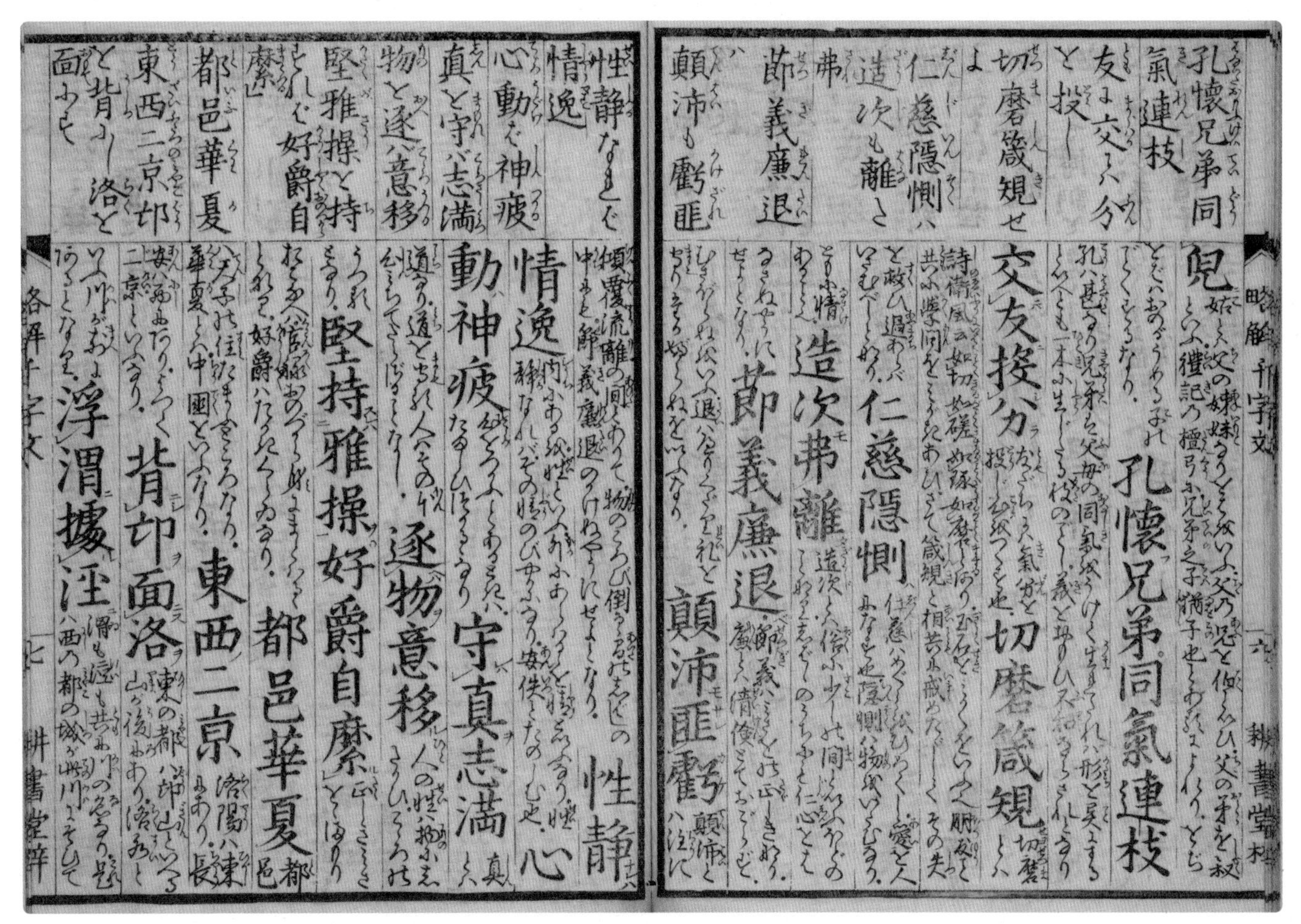

孔懷兄弟同氣連枝
交友投分切磨箴規
仁慈隱惻造次弗離
節義廉退顛沛匪虧
性靜情逸心動神疲
守真志滿逐物意移
堅持雅操好爵自縻
都邑華夏東西二京
背邙面洛浮渭據涇

略解千字文　石川雅望著　東京大学総合図書館蔵
学問の流行を察知した蔦重は、書物問屋の株を取得し、正式に専門書・学術書の出版に参入した。本作は書の手本とされた漢詩集『千字文』の注釈書で、作者はかつての天明狂歌ブームで活躍した宿屋飯盛こと石川雅望である。

歴代武将通鑑　北尾重政画　国立国会図書館蔵
寛政の改革によって文武奨励策が推進され、尚武の気運が高まったことから出版物もそれに合わせて趣向を変えた。蔦重もまた武士階級向けの絵本として、後年は武者絵本のシリーズ刊行に取り掛かっている。北尾重政による本作も、その後、シリーズ化され、寛政期の蔦重の経営を支えた。

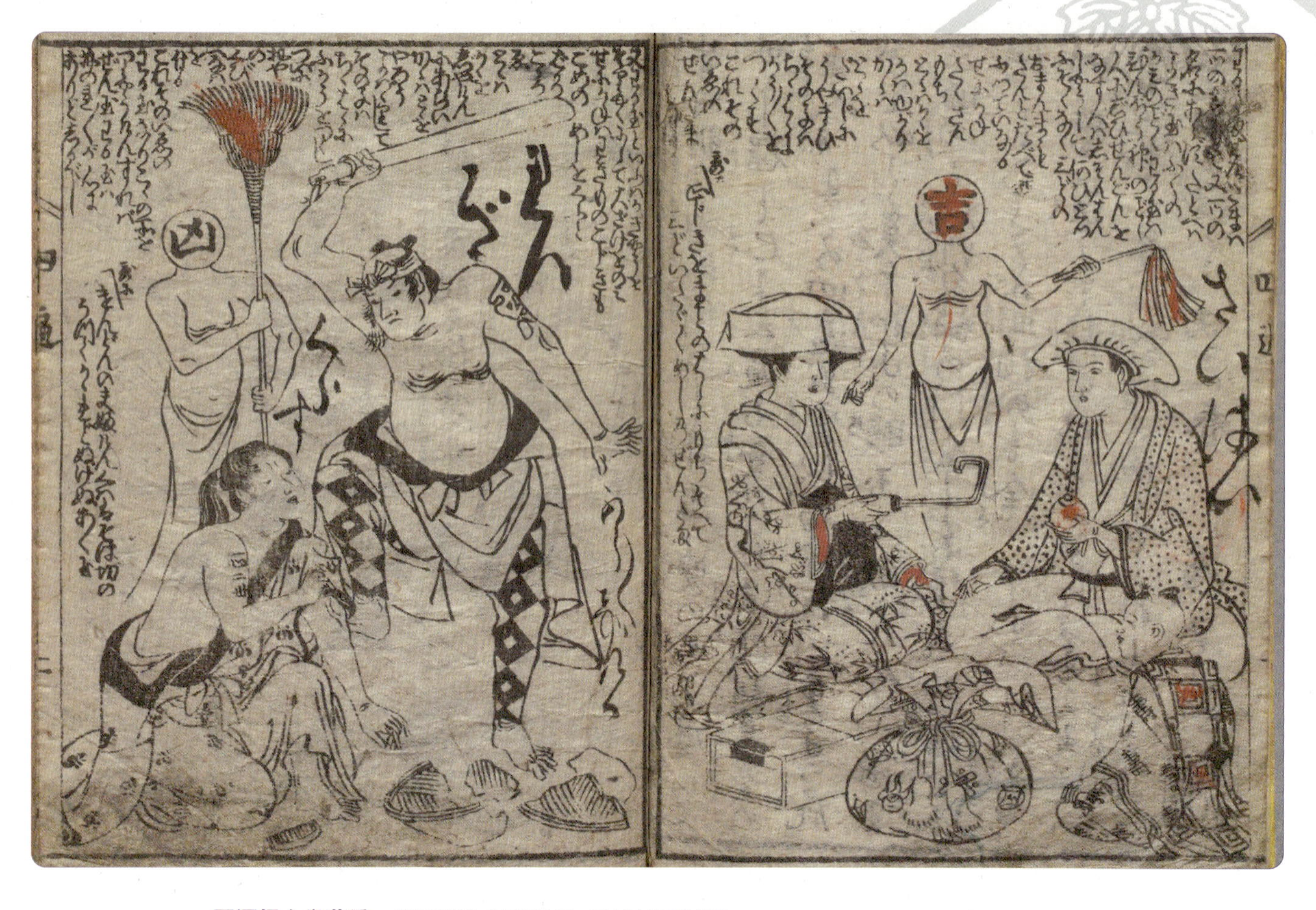

四遍搨心学草帋　曲亭馬琴作・北尾重政画　国立国会図書館蔵
山東京伝の弟子で、蔦屋重三郎のもとに寄宿したこともある曲亭馬琴（滝沢馬琴）の蔦重版・黄表紙作品。寛政5年以降、戯作者としての才能を発揮し、黄表紙の制作点数が増えていった。その多くは晩年の蔦屋重三郎のもとから出版されている。本作で挿絵を担当した北尾重政も、キャリアの初期から蔦屋重三郎を支え続けた絵師のひとりである。

馬琴と一九をプロデュース

こうした流行を的確に追うだけでなく、蔦重は未来を見越して、次代のスター発掘にも余念がなかった。その代表格が、滝沢馬琴こと曲亭馬琴、そして十返舎一九である。いずれも蔦重に若い頃からその才能を見込まれた者たちであった。

馬琴は、もともとは武家出身であったが、14歳の頃に家を出て、のちに山東京伝の弟子となった。蔦重は京伝の仲介で馬琴と知り合ったと思われる。寛政4年頃から蔦重の店で番頭として働き、また自らも黄表紙の制作を行った。その多くが、師の山東京伝と同様、蔦重と鶴屋のもとから刊行されている。

のちに『東海道中膝栗毛』などで人気を博す十返舎一九もまた、武家の出であったが、大坂へと移り文筆に精を出し、浄瑠璃の脚本などを手がけていた。１７９４（寛政6）年に江戸へと戻り、どのようなきっかけか定かではないが、蔦重と知り合って、店に寄宿するようになった。浮世絵などを描く際に、あらかじめ紙に加工をする礬水引き（どうさびき）などを担当していたらしい。

翌寛政7年には、当時流行した「心学」をパロディ化し、そこに吉原遊女の暮らしを描いた「青楼十二時」を当て込んだ黄表紙『心学時計草』を蔦重のもとで刊行。これが彼の出世作となった。

蔦重のキャリアの最晩年となる寛政7～9年にかけては、盟友である山東京伝を軸に、次代のスターである馬琴、一九という布陣で、黄表紙を続けて刊行したのであった。

また、寛政7年には、写楽への傾倒が終わり、蔦重は再び喜多川歌麿の作品を手がけてもいる。歌麿の名作のひとつで遊女の1日を描いた「青楼十二時 続」（78～85ページ参照）はこの時期に作られた。吉原にゆかりのあるふたりならではの作品である。

心学時計草　十返舎一九作・画　大阪大学附属図書館蔵
寛政に入ると、石田梅岩による道徳教育「心学」が京都を中心に流行した。本作は吉原の遊女の生活に当て込んで、「心学」をパロディ化した黄表紙作品である。

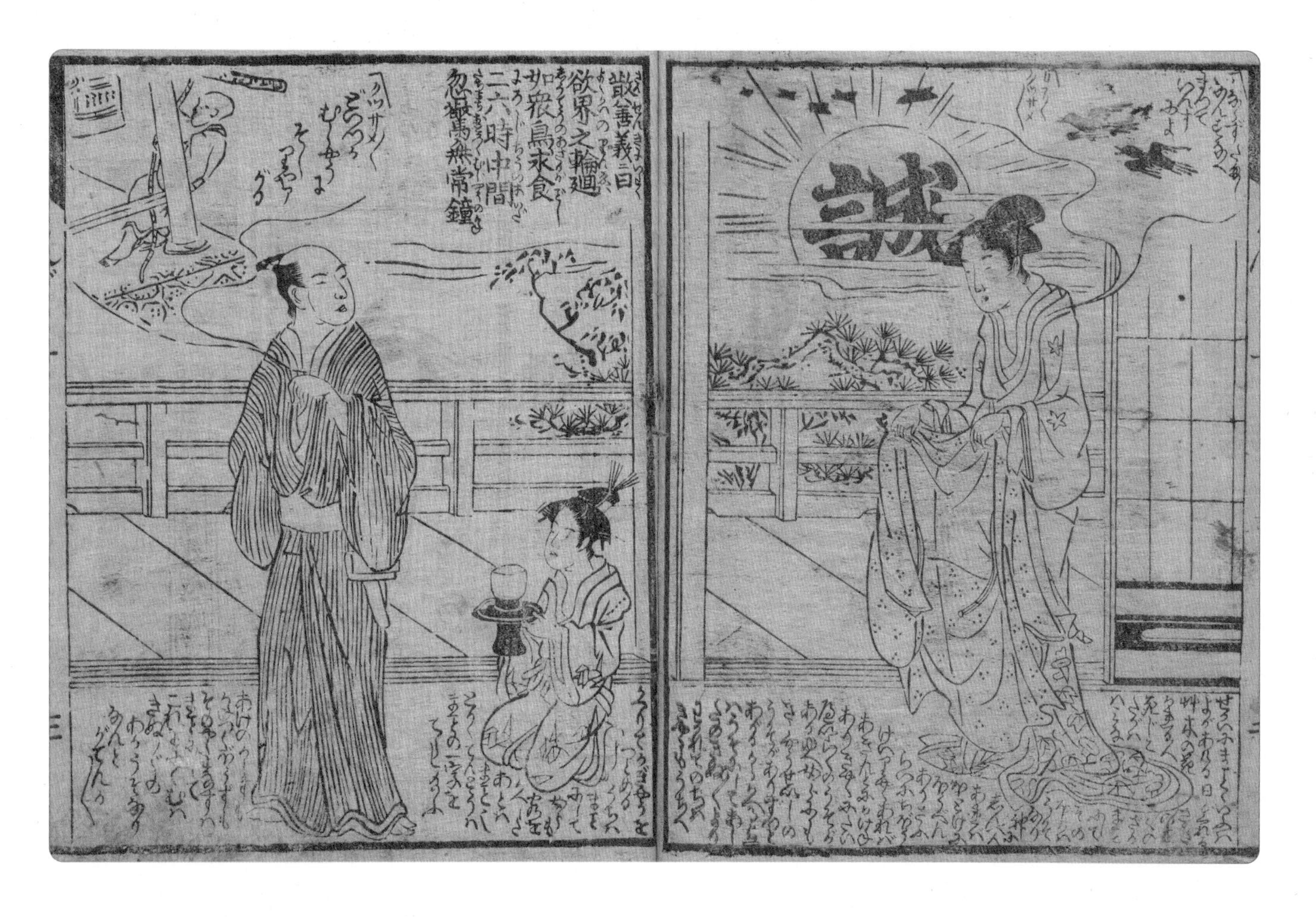

蔦屋重三郎の生涯

蔦屋重三郎と耕書堂のその後

1797（寛政9）年、蔦重は脚気の病が元で命を落とす。2代目となった番頭を支えたのは、初代・蔦重が見出した才能たちだった。

東遊　浅草庵編・葛飾北斎作　国立国会図書館蔵
葛飾北斎は初代・蔦屋重三郎に見出され、主に二代目の頃に耕書堂から多くの作品を刊行し活躍した。本作にはおそらく二代目当時の耕書堂の様子が描かれている。

蔦重の死後を支えた作家・絵師たち

先述した石川雅望の「墓碣銘」によれば、1796（寛政8）年の秋に蔦重は病に倒れた。病状は日に日に悪化し、翌年5月には危篤状態に至った。『近世物之本江戸作者部類』によれば、蔦重の病気は、江戸の流行病のひとつである「脚気」だったらしい。

自らの死期を悟った蔦重は、今日の午（うま）の刻（昼12時）に自分は死ぬだろうと予言したという。しかし、予言通りとはならず、「自分の人生は終わったが、命の幕引きを告げる拍子木がならない」とうそぶいたと伝わる。そして、その日の夕刻に亡くなった。享年48であった。

蔦重の亡骸は、吉原にほど近い山谷の菩提寺・正法寺に埋葬された。

蔦重なき後には、番頭を務めていた勇助が、2代目・蔦重となり、店を切り盛りした。

蔦重が次代のスターとして見込んでいた曲亭馬琴や十返舎一九、盟友である山東京伝、蔦重の全キャリアを通じて支え続けた北尾重政らが、2代目を盛り立てていった。

蔦重が早くから目をかけていた絵師・葛飾北斎もまた、2代目・蔦重の頃にその才能を開花させたと言えるだろう。『画本東都遊』や『東都名所一覧』、『潮来絶句集』といった絵本作品を次々に刊行し、初代・蔦重亡き後の耕書堂を代表する絵師のひとりとして活躍した。

初代・蔦重の死後、蔦屋・耕書堂は、1861（文久元）年頃、4代目まで続いたとされる。

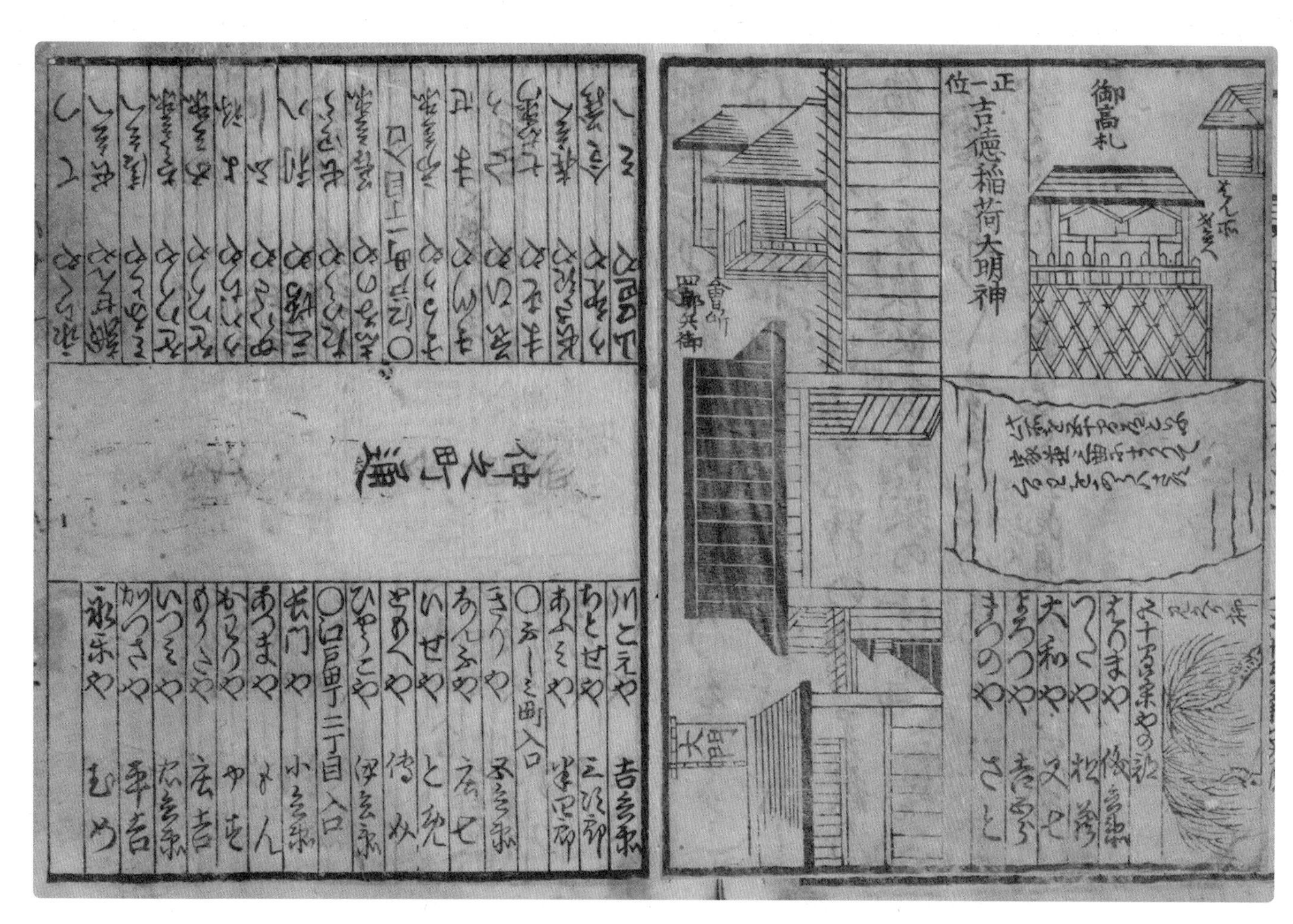

吉原細見　国立国会図書館蔵
1825（文政8）年に刊行された蔦重版「吉原細見」。初代・蔦重が亡くなると、番頭の勇助が2代目として耕書堂を継ぎ、4代目（1861年）まで続いた。

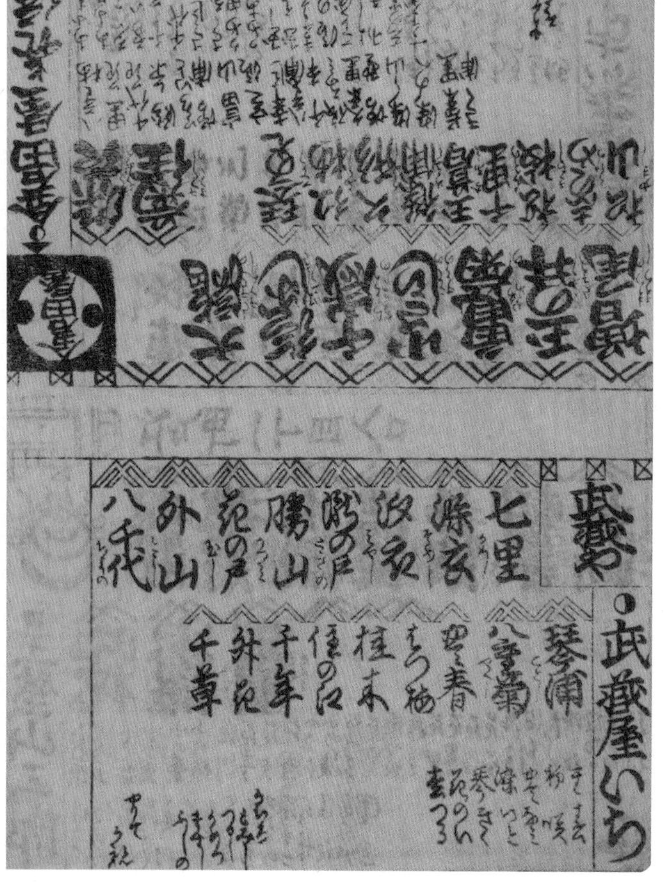

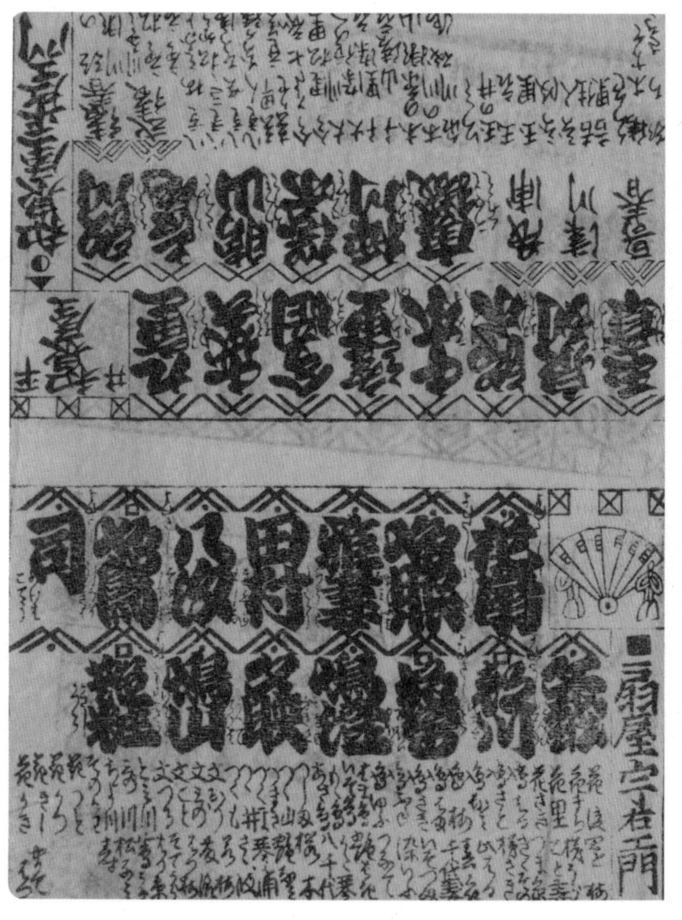

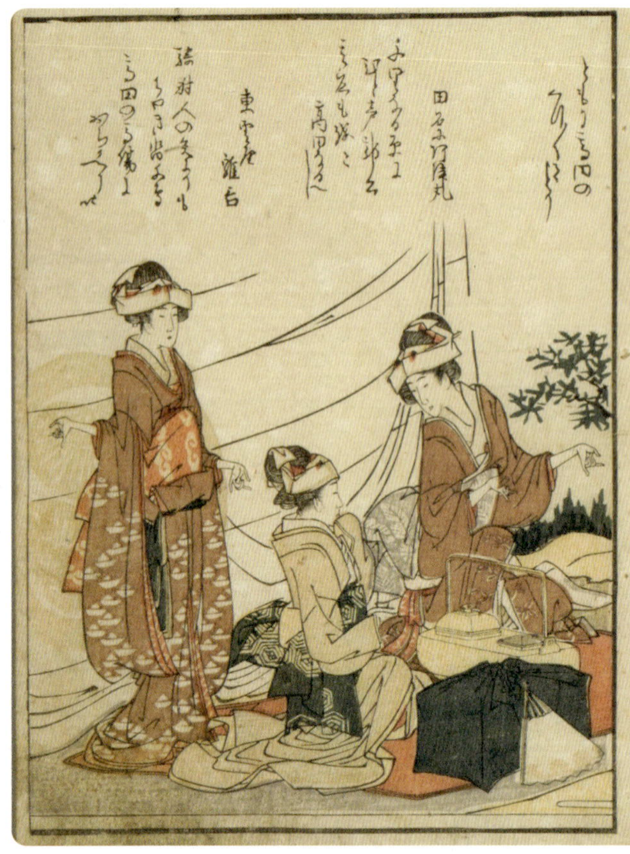

画本狂歌山満多山　葛飾北斎画　国立国会図書館蔵

1804（享和4）年の頃に刊行された、葛飾北斎による多色摺りの３冊本である。狂歌とともにさまざまな江戸の風景と人物模様が描かれる。北斎は特に二代目・蔦重と精力的に作品制作をしているが、享和２年に刊行された北斎画『潮来絶句集』では、装丁が華美すぎるということで版元が処分を受けている。

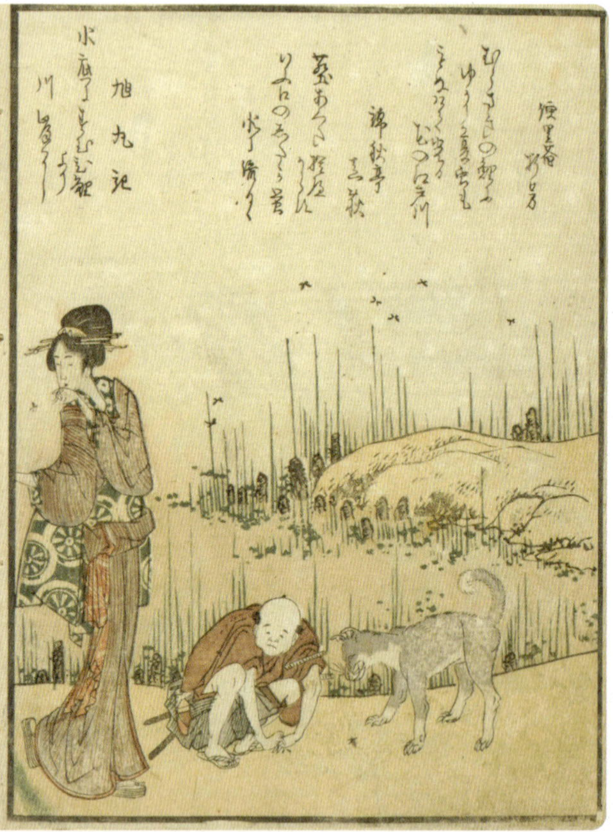

第2章 蔦屋重三郎の吉原遊廓

吉原の歴史①

江戸の都市開発と元吉原

江戸の都市開発が進み、急速に人口が増すなかで生まれた遊廓・吉原。かつては江戸市中の人形町の辺りにあり、その後、移転したという。

江戸の発展とともに開業した吉原遊廓

徳川家康によって、江戸の大規模な都市開発・市街整備が着工されると、全国各地から大量の労働者が、江戸へと集まった。新興の都市でひと旗あげようと移住し、出稼ぎに来る者も多かった。江戸住まいの旗本・御家人も多く、勤番の武士はみな単身赴任で、郷里に妻子を置いてきた者ばかりであった。そのため、江戸の人口比率は女性よりも男性が圧倒的に多かったのである。百万都市と称される江戸の、町人人口でさえもおよそ6割が男性だったという。

結果、こうした男たちの欲望を満たすために、慶長の頃からすでに、京都などの傾城町（遊廓）から来た者たちが、自然発生的に遊女屋を経営していた。1612（慶長17）年には、遊女屋の代表として、庄司甚右衛門（甚内）らが幕府に公認の遊廓の設置を願い出た。こうして、1618（元和4）年、2代将軍・秀忠の時代に、公許の遊廓として、吉原がスタートするのである。開業場所として与えられたのは「葺屋町之下」2丁四方ほど。現在の中央区日本橋人形町の周辺である。葭や葦などが茂った湿地帯だったことから、「吉原」と呼ばれたという。江戸が大きく発展するにつれて、遊廓が江戸の中心地にあることは不適当だとして、開業からおよそ40年後の1656（明暦2）年に、移転が命じられた。移転前の吉原を「元吉原」、移転後を「新吉原」と呼ぶ。

東都名所　新吉原五丁町弥生花盛全図
歌川広重画　東京都立中央図書館蔵
1618（元和4）年、日本橋人形町あたりに作られた吉原遊廓は、1656（明暦2）年に移転した。そのため、移転以前を元吉原、移転以降を新吉原と呼ぶ。画像は天保の頃の新吉原を描いた鳥瞰図。

吉原恋の道引
菱川師宣画　国立国会図書館蔵
元吉原の大門の様子。

現在の人形町にある元吉原の史跡案内。

遊廓の移転・新吉原の誕生

1657（明暦3）年、吉原遊廓は浅草・浅草寺の裏手、田畑が広がる辺鄙な千束村へと移転。約300年にわたって営業が続いた新吉原遊廓が誕生した。

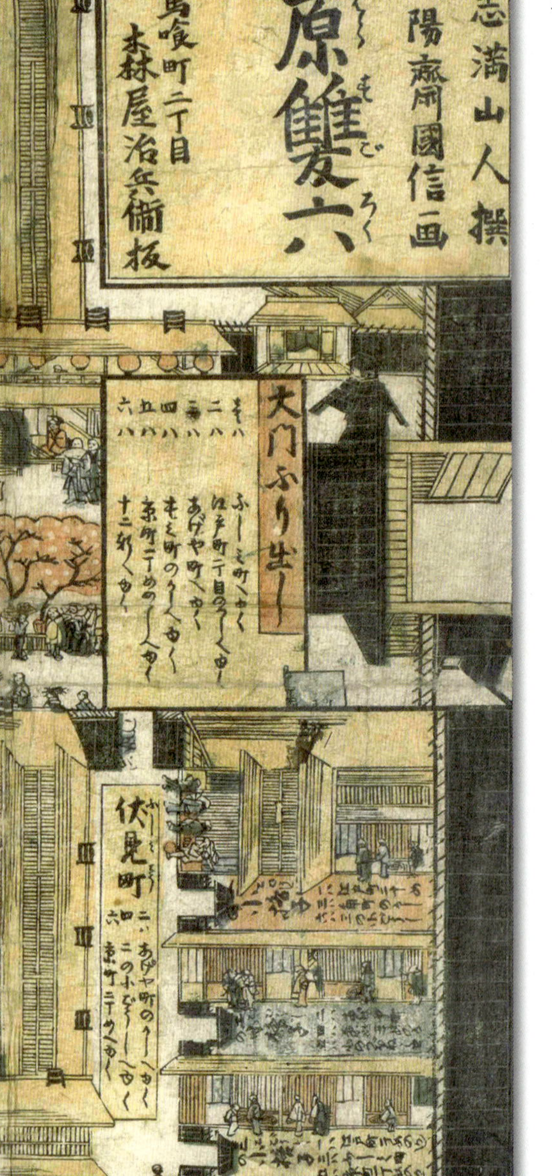

案内吉原双六
志満山人撰・歌川国信画
東京都立中央図書館蔵
庶民の娯楽用に作られた双六であると同時に、当時の吉原遊廓の様子を知る意味で、史料的価値の高い作品。

武士と豪商が豪遊した新吉原前期

移転が決定した翌年、1657（明暦3）年には新吉原の営業が開始されている。場所は、現在の東京都台東区千束4丁目一帯、当時で言えば、江戸市中から外れた、浅草寺裏手の辺鄙な千束村である。明暦3年1月にはいわゆる明暦の大火が起きているが、吉原遊廓の移転は、すでに大火前に決まっていた。

辺鄙な地を考慮し、従来に比べて5割増しの2町×3町の土地（およそ2万坪以上）と、引越料として1万500両を幕府は与えた。吉原の周囲は、忍返が植えられた黒板塀がめぐらされ、外にはお歯黒どぶと呼ばれる堀が作られた。いずれも遊女の逃亡を防ぐためである。唯一の出入り口である大門をくぐって左手に、面番所が設置され、隠密廻り同心ふたりと岡っ引が交代で常勤していた。また右手には四郎兵衛会所（吉原会所）が設置され、常駐の番人が大門をくぐる女性を監視していた。さらに幕府は、それまでは禁じていた夜間の営業を認めた。そのため、遊女と夜をともにし、朝まで遊べることから、不便な場所にもかかわらず、大繁盛となったという。

開業当初の客は、身分の高い武士が中心だった。元吉原以来の揚屋制度を引き継いで、客はいったん揚屋にあがり、遊女を呼び寄せるという仕組みであった。当時の最上

級の遊女は「太夫」と言い、太夫を揚屋に呼ぶには、遊女の名前を書いた揚屋差紙を遊女に送らねばならなかった。妓楼から遊女が送られてくるというのが、揚屋制度である。妓楼から揚屋までは、新造や禿など大勢の供を引き連れた行列となり、のちの花魁道中へとつながっていった。

江戸の経済の成長が目覚ましい元禄期には、武士だけでなく、豪商らも吉原で華々しく遊んだという。

しかし、格式と伝統ある吉原も、時代が下るにつれて、徐々に陰りが見えてくる。元禄のバブル期が過ぎ、幕府・諸藩では財政難が続き、その結果、大名らも隠れ遊びができなくなった。その反面、町人が経済的に成長し、吉原はそうした新興の町人相手に、大衆化せざるを得なくなったのである。

莫大なお金のかかる揚屋制度も、宝暦期にはなくなり、太夫などの位も廃止された。

吉原はいかなる場所か？

江戸の人々を魅了し、文化・流行の発信地とも呼ばれた吉原遊廓。しかし、あくまでもそこは幕府公認の「売春地区」であり、遊女たちは「娼婦」であった。

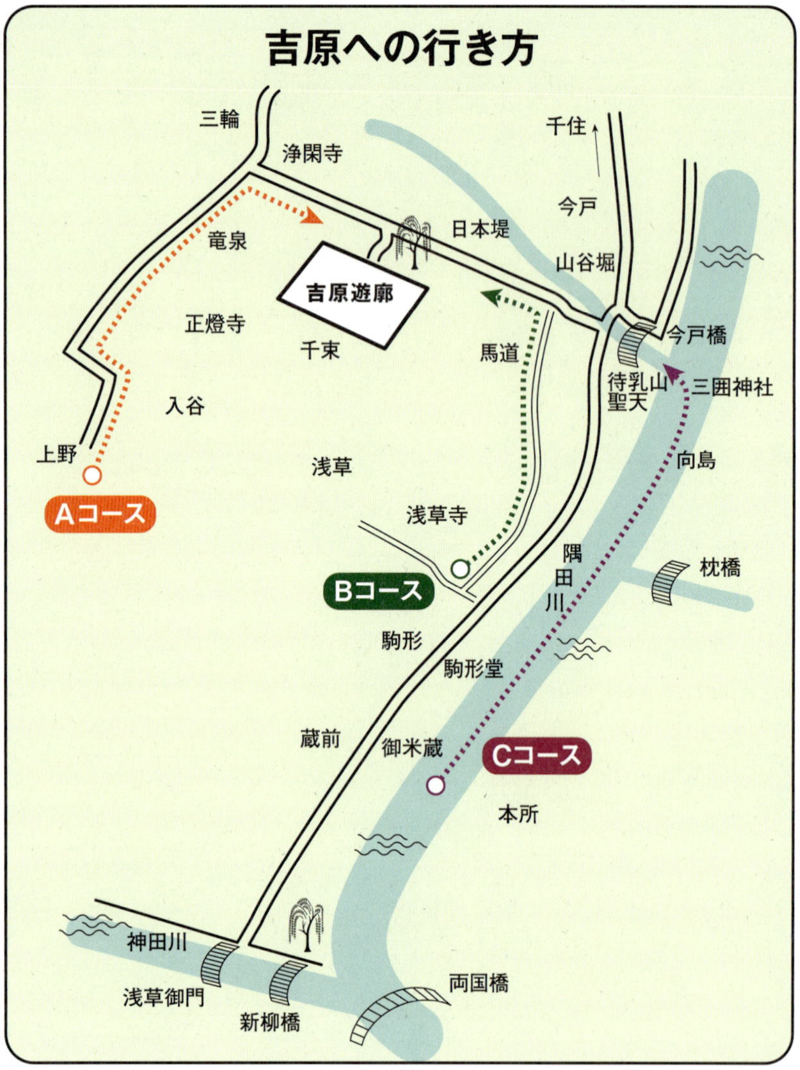

吉原への行き方

Aコース

上野方面から正燈寺を抜けて、日本堤へと出る道。主に徒歩で、裏道として使われていた。正燈寺は紅葉の名所だったため、吉原遊廓に行く口実としても使われたという。

Bコース

駒形から隅田川に沿って吉原へと至る道を馬道と言う。武士が多数通った頃に、駄賃馬を用いたことからそう呼ばれた。元禄まで利用されたとされるが、以降は駕籠が一般的となった。

Cコース

船で隅田川を行くコースで柳町付近の船宿で舟を雇って隅田川をさかのぼり、日本堤へと至る。A・B・Cコースともに日本堤を通らなければならない。

大門をくぐれば そこは異界

先述したように、およそ2万坪以上の土地に造られた新吉原は、千束という江戸市中からは辺鄙な場所に位置した。お歯黒どぶと黒板塀に囲まれた区画内に、遊女や妓楼に働く人間たち、一般の商人や職人ら、合わせて1万人ほどの人間が暮らしていた。

唯一の出入り口である大門をくぐれば、そこは別世界である。吉原の中央をつらぬくメインストリートである仲之町は、季節ごとに種々のイベントが行われた。春には桜の木を植えて華やかな桜見が行われたり、夏には吉原俄が催され、即興芝居で客たちを喜ばせたりもした。また、仲之町の両側には引手茶屋が軒を並べた。吉原内はいくつかの町に分かれていた。変遷を経て、江戸町一丁目、江戸町二丁目、揚屋町、角町、京町一丁目、京町二丁目、伏見町とあり、それぞれに町名主がいた。

また吉原の妓楼は、規模や格の違いによって、大見世、中見世、小見世に分けられた。いずれも表通りにあったが、もっと安価な妓楼は大門から見て右端の西河岸、左端の羅生門河岸に集中していた。

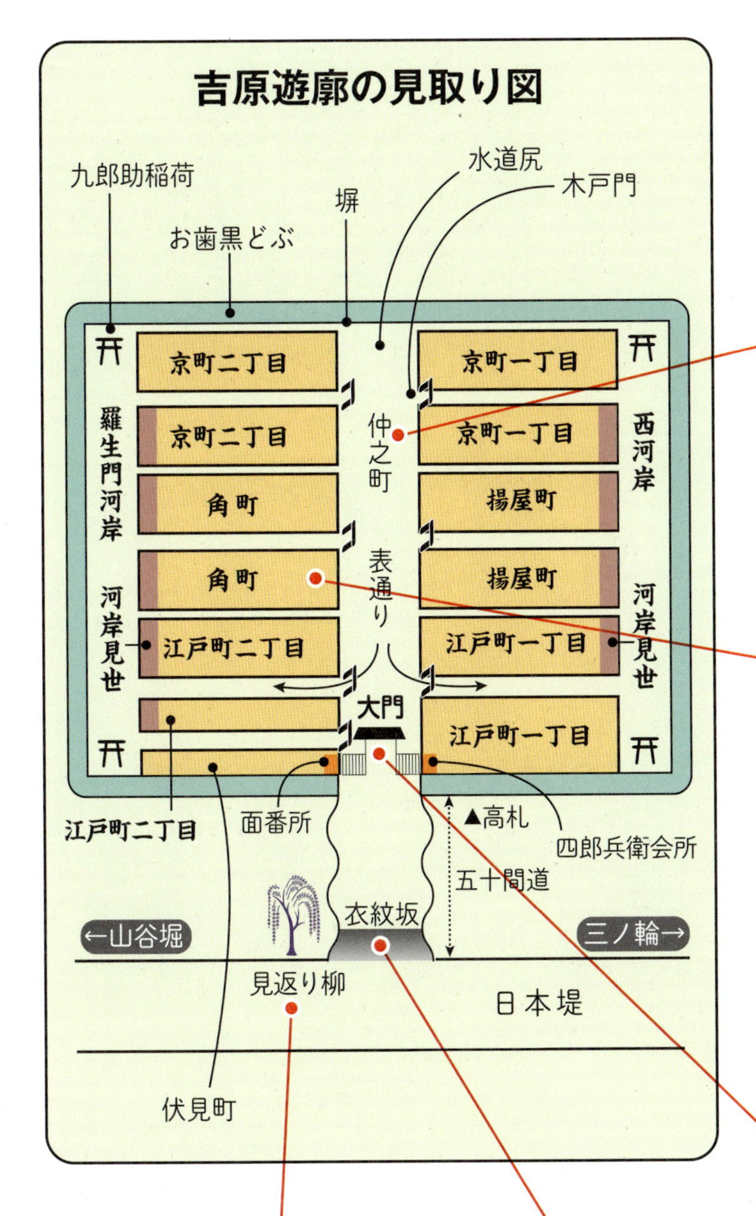

仲之町

大門をくぐった先にあるのが、吉原遊廓のメインストリートの仲之町である。花魁道中などさまざまな催しが行われた（『東都三十六景』より「吉原仲之町」国立国会図書館蔵）。

妓楼の張見世

メインストリートの仲之町から横町へと入ると、妓楼が立ち並ぶ。格子窓の張見世があり、ここから遊女を眺めて指名することができる（歌川国芳画『艶本逢絵山』国際日本文化研究センター蔵）。

大門

吉原遊廓の唯一の出入り口となる大門。遊女の逃亡を監視するための見張りが常駐していた（「新吉原大門口之圖」個人蔵）。

日本堤と見返り柳

衣紋坂の手前の通りである日本堤と、衣紋坂の入り口にある見返り柳。帰りの客はみな、この柳付近で名残惜しく後ろを振り返ったという（『江戸名所新吉原日本堤見帰柳』国立国会図書館蔵）。

衣紋坂

日本堤から吉原遊廓に向かって下る坂を「衣紋坂」という。吉原からの帰途、大門をくぐって出てきた客は襟を正して帰ったことが由来（『江戸高名会亭尽』より「新吉原衣紋坂日本堤」国立国会図書館蔵）。

地図は『図録 大吉原展』（東京藝術大学美術館）及び永井義男『図説吉原事典』（朝日新聞出版）を参考の上作成。

吉原遊廓の内部と妓楼の仕組み

宝暦以降の吉原では揚屋制度が廃止されたため、遊女と遊ぶには直接、妓楼へ行くか、引手茶屋を介するかである。いずれにしろ、揚屋で寝泊まりするのではなく、妓楼で遊ぶのが一般的となった。

妓楼の1階には格子張りの張見世があり、客は通りに立って格子越しに遊女を見物することができる。客は、その脇の入口から妓楼内に上がる。1階内部には土間があり、その周辺の板間は台所である。

1階の端にある座敷は内証（内所）と呼ばれ、楼主やその女房が坐している。吹き抜けの空間となっており、客の出入りから働く者たちの様子まで、内証から一望に監視できるようになっている。そのほか1階には、楼主一家の居間や納戸、行燈部屋、奉公人の部屋から内風呂、便所まであった。

客は2階に通されて遊ぶ。遣手部屋（遊女らを監視する女性である遣手の部屋）や引付座敷（上級の遊女と初めて会う際に通される部屋）、酒宴のための広間、遊女の個室などがひしめき合っている。客は妓楼の2階で、食事をし、酒を飲み、芸を楽しんで、最後は遊女と床をともにする。

遊女には階級によって居室と寝室を与えられた者や、客をもてなす居室だけ与えられた者がいた。部屋のない遊女は、屏風で仕切った廻し部屋で客を取った。

『青桜絵抄年中行事』より「夜見世の図」国立国会図書館蔵

吉原とは何か②

吉原で生きる人々

吉原遊廓で働く人々は、何も遊女だけではない。多くの遊女を雇う遊廓の主人やその奉公人、また遊廓に出入りするさまざまな業者たちの存在があった。

忘八と呼ばれた楼主 憎まれ婆の遣手

吉原遊廓の妓楼では、遊女以外にもさまざまな人間が働いていた。遊女については次章で詳しく解説するが、ここでは遊女以外の妓楼で立ち働く人々を見ていきたい。

まず妓楼の経営者が楼主である。妓楼の1階の内証の奥に、楼主一家の部屋がある。営業時間帯は内証にいて、吹き抜けから楼内を常時、監督していた。左に挙げた『北里十二時』の一場面には、内証の長火鉢の前に座る楼主夫婦が描かれている。手前の男性は商談にきた商人である。

妓楼経営には当然、それなりの経営手腕と管理能力が求められた。俗に楼主は「忘八」と呼ばれる。「仁」「義」「礼」「智」「忠」「信」「孝」「悌」の8つを忘れた人物という意味である。

また、花魁や新造、禿の教育を担い、遊女を監視・管理したのが、遣手である。年季明けの行き先のない遊女が、そのまま妓楼に留まって、遣手を務めるケースが多かった。吉原の表裏を知り抜いた女性で、各妓楼に1名ずつ置かれていた。新造や禿といった若い遊女・遊女見習いらをしつけ、客のあしらい方を指導したり、性的なサービスの方法を伝授したりするなど、遊女を中心とした妓楼における遣手の役割は大きい。

その指導は容赦のないもので、時に残忍な折檻にも及んだ。それゆえ、遊女や禿たちからは恐れられる存在であった。

葛飾北斎画「吉原楼中図　伊勢屋利兵衛版」 ©CAPSULE CORP./amanaimages

『北里十二時』国立国会図書館蔵

何歳になっても「若い者」

　そのほか妓楼で働く男性の奉公人たちは、年齢に関係なく、総称して「若い者」と呼ばれた。狭義の意味では、接客などを担当する男性の奉公人を若い者とする。他方、飯炊きや風呂番などの裏方に従事する奉公人は、雇人と呼ばれた。

　若い者の筆頭が番頭で、帳場を預かっていたとされる。また、妓楼の入り口に置かれた妓夫台に坐し、出入りする客を見張るのが、見世番である。切見世で遊女を見学している客に、遊女を勧めたり、指名を妓楼内に取り継いだりするのが、主な役目である。

　妓楼の2階で客は遊女と遊ぶが、その2階全般を取り仕切ったのが、廻し方である。二階廻しとも言う。初会の客と遊女が対面する際には、引付座敷で遣手とともに同席する。客が馴染みになれば、その後はすべて廻し方が客の担当についた。座敷の設定や宴席の世話なども行い、折を見て、客に揚代を請求するのも廻し方の役目であった。

　また、廻し方の下には、床廻しという若い者がいる。廻し方や遣手から指示を受けて、客と遊女の寝床を準備するのが主な仕事である。

　またこのほか、若い者には、引手茶屋などから売掛金を回収する集金係の掛廻りがいた。回収率が良くないと、楼主から叱責されるほか、ペナルティとして給金から引かれることもあったという。

妓楼のさまざまな雑用をこなす雇人

　妓楼の料理番は、主に妓楼内で働く従業員のまかないを作ることである。客用の簡単な品も作ったが、宴席用の豪華な料理は、台屋という仕出し料理屋から取り寄せていた。

　各妓楼には内湯がついており、客を見送った遊女がしばしば朝風呂をした。その風呂を沸かして湯の準備をしたり、掃除をするのが、風呂番である。そのほか、妓楼内の内外を掃除する中郎という雇人もいた。中郎は掃除だけでなく、そのほかの雑務もしばしばこなしていた。

　また、時計などない時代にその日の時刻を知らせるのは、人間である。拍子木を片

鳥居清長画「新吉原江戸町二丁目丁子屋之図」

手に妓楼の2階の廊下を歩いて、時刻を告げて回ったのが、不審番だ。客と遊女の寝床がある部屋には、隅に行灯を置き、深夜も火はかかさなかった。随時、油を補充して歩いたのも不審番の役目であり、基本的に徹夜仕事だった。夜が明け、客が帰ったのちに、行灯を掃除してから、その日の仕事を終えた。

妓楼にはお針と呼ばれた裁縫係もいた。女性が従事し、妓楼に住み込みで働く場合と、通いで働く場合があった。住み込みの場合は1階のお針部屋と呼ばれる部屋で暮らした。かよいの場合は、吉原内にある裏長屋や浅草・今戸町や山谷町などに住み、妓楼に仕事をもらいに来た。

妓楼の座敷で唄や踊りを披露する芸者も、妓楼内で住み込みの場合と、通いで来る場合があった。とりわけ、前者の場合、内芸者と呼ぶが、妓楼では基本的に格は遊女のほうが上。あくまでも芸者は座を盛り上げる脇役である。

吉原とは何か③

吉原の1年と年中行事

俗世間から離れた最上の遊興を提供する吉原遊廓では、年間を通して四季折々の行事や楽しみごとが催された。仲之町の桜、玉菊灯籠、そして俄など吉原独自の行事が発展していった。

揚代が倍になる紋日は客も遊女も負担が増す

非日常を演出した吉原遊廓では、1年を通して、さまざまな催しが行われた。『吉原青楼年中行事』（64〜65ページ参照）には、四季折々の吉原の行事について、「まことに人間の別世界、この春秋のゆきかひを見ん人は、養老不死の気の薬となりて、あとへとしとる心地やせられましといふ」と記されている。元旦から大晦日まで、江戸市中と共通する年中行事も多いが、吉原独自の催事も多々行われ、客を遊廓へといざなった。特に紋日（物日）と呼ばれる吉原独自の祝祭日が設けられた。通常、紋日とは節句や祝祭日など、紋付の式服を着る特別な日を意味する。吉原では、毎月1日、15日、17日、18日、28日を月例紋日とした。また正月、盆、節句をとりわけ重要な大紋日と定めていた。紋日の揚代は、「昼夜をつける」と称され、普段よりも倍の値段となった。客にとっても大きな負担だが、遊女も紋日は必ず客をとらなければならないというノルマが課せられた。紋日に客がつかなければ、その日の揚代分は遊女自らが捻出しなければならない（これを身揚りと言う）。そのため、紋日には馴染みの客に来てもらえるよう、遊女はあの手この手を使って懸命に頼み込んだ。

儲けの多い紋日は、時代に

吉原の1年

月日	主な行事
1月1日	仕着日・仕舞日
1月2日	初買・仲之町年礼
1月7日	人日の節句、七草
1月8日	初見世
1月14日	蔵開き
1月20日	夷講
2月25日	仲之町に桜を植える
3月3日	上巳の節句（雛祭り）、桜の花開き 内証の花見
3月31日	仲之町の桜を撤去
4月1日	衣更
4月8日	灌仏会
4月下旬	仲之町に菖蒲を植える
5月5日	端午の節句・菖蒲の花開き・仕着日
6月1日	富士権現祭・植木市
6月9日	三ノ輪の山王祭
6月30日	玉菊灯籠（揃い灯籠）
7月7日	七夕
7月10日	浅草寺の四万六千日・ほおずき市
7月12日	仲之町の草市
7月13日	仕舞日（お盆休み・髪洗い日）
7月15日	お盆・仕舞日・玉菊灯籠
7月16日	お盆
8月1日	八朔・俄（晴天時、30日間開催）
8月14～16日	月見
9月9日	重陽の節句・仕舞日
9月12～14日	後の月見
10月亥日	玄猪・火鉢や綿入の準備
10月20日	夷講
11月8日	火焼（蜜柑まき）
11月17～19日	秋葉大権現祭礼
11月酉日	酉の市
12月8日	事始め
12月13日	煤払い
12月17、18日	浅草寺の歳の市
12月20日前後	餅つき
12月22、23日	見世を引く
12月25日頃	廓中に門松を設置
大晦日	大晦日から正月三が日にかけて、 庭火を焚き、お清めをする

表は『図録 大吉原展』（東京藝術大学美術館）及び永井義男『図説吉原事典』（朝日新聞出版）を参考の上作成。

「新吉原江戸町二丁目 佐野槌屋内黛突出シ之図」 国立国会図書館蔵

よって変遷があるが、多いときには、月の3分の1が紋日になったという。

数ある吉原の年中行事のなかでも、「吉原の三大景容」と称されたものに「仲之町の桜」「玉菊灯籠」「俄」がある。

仲之町の桜は、開花直前の根付きの桜の木を運び込み、仲之町の通りに植え、吉原内で花見を楽しめるようにしたものである。数百本の桜が植えられ、引手茶屋2階からの眺めも考慮し、高さも揃えた。花が散る頃に全ての桜の木は撤去されるというから、豪勢な仕掛けである。

玉菊灯籠は、才色兼備で評判だった角町の中万字屋の太夫・玉菊の盆供養を行ったことから始まった行事である。引手茶屋の店先に、さまざまな灯籠やつくりものを備えつけ華やかにライトアップする。

俄は幇間や芸者らを中心に、さまざまな歌舞音曲を披露しながら、練り歩くパレード兼ライブパフォーマンスであり、8月の1カ月間、行われた。

新造出しの図
禿から新造になったばかりの年若い振袖新造をお披露目する道中を描いたもの。

仲之町年礼の図
正月に初衣を着た花魁たちによる仲之町の花魁道中を描いたもの。

曲中太神楽図
太神楽の曲鞠を、妓楼の２階から覗き見る客と遊女たち。

夜具舗初の図
祝義や比翼紋を染めた手ぬぐいなどの夜具の準備をする遊女たち。

仲之町花盛の図
仲之町に植えられた桜の下、客と花魁の一行が引手茶屋から妓桜に向かう。

吉原青楼年中行事

十返舎一九作・喜多川歌麿画　国立国会図書館蔵

吉原の年中行事や主な慣習を描いた上下巻の絵本。
蔦屋重三郎と関係の深い喜多川歌麿、
十返舎一九による作品。

仁和哥の図
8月の俄にて、獅子木遣りを披露する芸者たち。

内証はなみの図
桜の時期に見世を休業し、馴染みの客を招いて、遊興に耽る遊女たち。

八朔の図
8月1日、白無垢の打掛姿で、仲之町張りをする遊女。

芸者ひろめの図
新入り披露で、引手茶屋に団扇を配り挨拶回りをする芸者たち。

餅つきの図
正月の準備のために餅つきを行う遊女と若い者。

灯籠の図
7月の玉菊燈籠の二の替わり、鳥をかたどった提灯を店先に飾る。

吉原とは何か④

吉原での遊び方と心得

吉原遊廓にはさまざまな遊び方としきたりがあった。しばしば「吉原の花魁は3回目でないと体を許さない」と言われるが、実はそれは嘘だった。吉原遊廓、遊びの心得の真実。

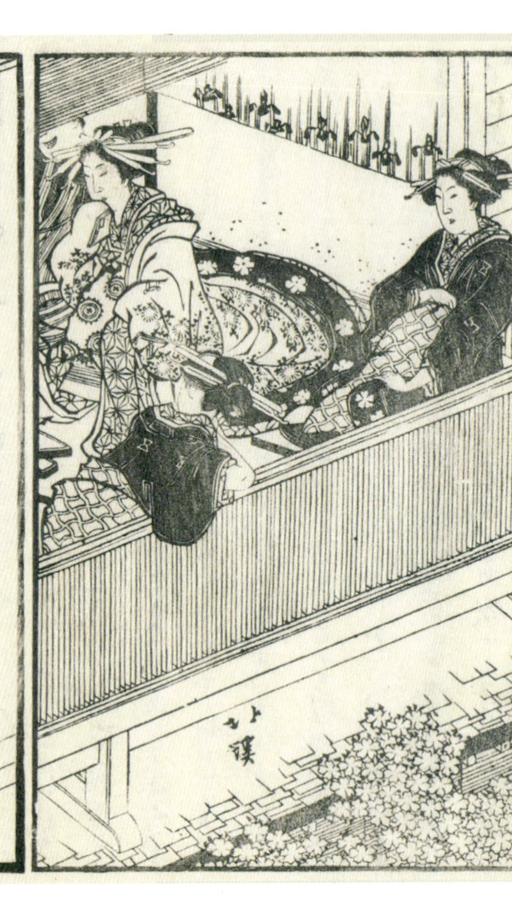

吉原遊廓の客はまず仲之町に軒を連ねる引手茶屋で、妓楼の遊女を斡旋してもらう。花魁は新造や禿を連れて引手茶屋に向かい、しばしの歓談ののち、客は花魁や若い者とともに妓楼へ向かう（『北里十二時』国立国会図書館蔵）。

吉原遊廓のシステム 直きづけと引手茶屋

吉原遊廓で遊ぶ際には、一定の形式がある。まずは吉原のタウンガイドである吉原細見を見て、どの妓楼やどの遊女がよいのか、自分の懐具合と適った場所を探す。

目当ての妓楼・遊女があれば、直接、妓楼へ行って張見世で遊女を見物したり、見世番に相談したりする。

客が直接、登楼することを「直きづけ」と呼ぶ。その場合、主にふた通りの遊び方がある。初会（初めて遊ぶ場合）の客の場合には、先述したように張見世で遊女を眺め、見世番に好みの女性を告げれば、案内してくれる。すでに馴染みの場合には、そのまま登楼し、心得た若い者が馴染みの遊女を手配してくれる。

直きづけのほかに、引手茶屋を介して、登楼する場合もある。引手茶屋で遊女を斡旋してもらう方法だ。支払いはすべて引手茶屋が立て替えるため、初会の客はそれなりのお金が入った財布を茶屋に預ける必要があった。引手茶屋の2階で軽く飲み食いした後に、頃合いで女将や若い者の案内で妓楼へ向かう。

また、妓楼から遊女を呼び寄せるという場合もある。もっとも贅沢で、金のかかる遊びである。大概は花魁が妓楼から呼ばれた。指名された花魁は、新造や禿、遣手らを引き連れ、引手茶屋へとやってくる。茶屋の二階座敷で酒宴が催され、幇間や芸者など

妓楼に着くと1階の楼主がいる内証で、刀を預ける（『北里十二時』国立国会図書館蔵）。

初めての客は、引手茶屋の仲介であっても、直接の登楼であっても、2階の引付座敷に通され、簡単な酒宴を催す（『吉原青楼年中行事』国立国会図書館蔵）。

部屋持ちの花魁は自室で客と交わる。まだ自分の部屋がない新造は、屏風で仕切られた「廻し部屋」で客と寝た（『吉原青楼年中行事』国立国会図書館蔵）。

夢中のあまり客が朝になっても帰らずに、そのまま妓楼に留まることを「居続け」と呼ぶ。当然ながらその分、支払いは増えていくため、遊女はなるべく客を居続けさせようと巧みに誘った（『吉原青楼年中行事』国立国会図書館蔵）。

明六つ（午前6時頃）には朝帰りの客が身支度をして妓楼を出る。遊女は客に羽織をかけてやり、見送る（『吉原青楼年中行事』国立国会図書館蔵）。

も呼ばれた。そして、頃合いで花魁らを引き連れて、若い者の手引きで妓楼へと向かうのである。引手茶屋は客が登楼した後も、つきっきりで面倒を見るのが通例であった。

客が遊女とともに寝床についたのを見届けると、妓楼を後にする。そして、翌朝の指定された時刻に、若い者が寝床まで来て起こしてくれる。いたれりつくせりである。

先述したように、初めての遊びを「初会」と呼ぶ。2回目を裏（「裏を返す」という）、3回目からは馴染みとなる。同じ妓楼では初会の遊女から、別の遊女に替えることは禁止されていた。また、俗に花魁は3回目の馴染みになってからでなければ、体の交わりを許さないと言われる。しかし、これには史料的裏付けはなく、俗説に過ぎない。

吉原とは何か⑤
蔦屋重三郎が生きた吉原遊廓

蔦重が生まれ育った寛延から寛政にかけての吉原は、元禄の頃の活気が失われて久しく、太夫という呼び名も使われなくなった時代。この吉原を蔦重はいかに出版物を通じて演出したか。

浮絵和国景跡新吉原中ノ町之図　歌川豊春画　ボストン美術館蔵
本作は吉原大門から外の衣紋坂を眺めるかたちで描かれた風景画。大門の外には五十間道にも複数の店が軒を連ねているのがわかる。ここに蔦重の本屋もあった。

大衆化した新吉原 出版で盛り上げた蔦重

宝暦以降の吉原遊廓は、元吉原以来から続いた伝統やシステムが一変した時代である。１７５０（寛延３）年に生まれた蔦屋重三郎は、吉原の転換が進んだ宝暦期にはまだ幼少である。まさに転換期の吉原に生まれ育った。

吉原遊廓の衰退と転換の一因は、岡場所や品川・内藤新宿などの宿場の女郎屋が台頭してきたことにある。吉原よりも安価で遊べたのと併せて、岡場所の場合には江戸市中にあったため、通うのにも便利だった。面倒な格式や制度もないため、元禄のバブルがはじけて以降、経済的に退潮ぎみの世にあっては、自然と岡場所に客が流れていった。

豪遊する大名や豪商も少なくなり、吉原もより大衆化路線に舵を切らざるを得なかった。多額のお金がかかる揚屋制度を廃止し、太夫の位もなくなった。紋日も大幅に削減することで、客の負担も軽くした。また、商売敵である非公認の岡場所に対して、吉原側は町奉行に取り締まりを要請したりもした。

松平定信の寛政の改革下では、岡場所に徹底的な取り締まりが行われた。このときに捕らえられた岡場所の私娼たちは、そのまま公許の遊廓である吉原に引き取られた。

しかし、これによって、ますます吉原の質は低下することとなった。元私娼が増えたことで、吉原の格式もより薄れてしまったのである。

そのような時代に、吉原で本屋を始めた蔦重は、出版を通じて、衰退しつつある新吉原を盛り上げていった。吉原細見の改良、吉原を舞台とした洒落本・黄表紙の大量出版、喜多川歌麿の美人大首絵を通じて遊女のイメージアップを図ったのである。こうして、吉原遊廓は多くの人が一度は行ってみたいと憧れる遊興の地となったのである。

青楼仁和嘉女藝者之部・淺妻船、扇賣、哥枕　喜多川歌麿画　東京国立博物館蔵
仁和嘉＝俄は例年8月に吉原で行われる即興寸劇の出し物。蔦重の元に寄宿し、吉原の狂歌グループである吉原連にも参加した喜多川歌麿もまた、吉原遊廓に出入りし遊女や芸者たちと交わった経験から、さまざまな美人画を描いたと思われる。

青樓仁和嘉女藝者之部
淺妻船
歌麿画

吉原とは何か⑥

吉原と江戸の火事

「火事と喧嘩は江戸の華」と言われるように百万都市に成長した江戸はたびたび大火に見舞われた。吉原遊廓もまた、火事によって幾度も危機を迎えた場所だった。

江戸時代を通じて18回も全焼した吉原

木造の家々がぎっしりと軒を連ねた人口過密の江戸は、たびたび大火に見舞われた。江戸市中の郊外にある吉原遊廓も例外でなく、火災によって全焼することもしばしばであった。1657（明暦3）年の新吉原の開業以来、1768（明和5）年4月の火災を皮切りに、幕末の1866（慶応2）年11月の火災まで、江戸時代を通じて合計18回もの全焼を経験している（明治期以降は第4章を参照）。

頻発する吉原での火事は、類焼もあるが、妓楼が火元となったケースも多かった。その多くが、遊女によるつけ火だったという。苦界のつらさに耐えかね、火を放ったのだろう。なかには、楼主や女房からのひどい仕打ちに耐えきれず、複数人の遊女が共謀で火をつけたこともあった。

江戸では放火は大罪であり、たとえ小火でも、犯人は火罪（火炙り）に処せられた。しかし、吉原での遊女によるつけ火の場合には、火罪ではなく、流刑（遠島）に減刑されていた。苦界のつらさに耐えかねた遊女に対する、奉行所側の情状酌量であったと思われる。

火事で営業ができなくなった場合、町を再建するまでに、期間を決めて浅草や本所、深川、中洲などで仮営業をすることが幕府から許可されていた。これを仮宅と呼ぶ。仮宅は江戸市中で営業したため、普段の吉原よりも通いやすかった。また臨時営業であるため、吉原独自の格式や伝統も簡易化され、遊女の揚代もディスカウントされた。

仮宅の調度品もあくまでも仮のもので、経費もかけずに営業できたため、むしろ商売は繁盛したという。

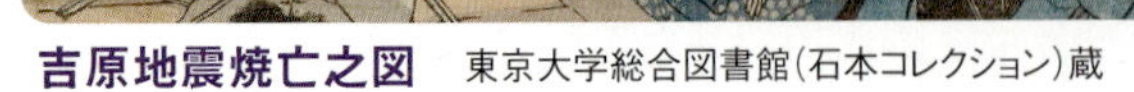

吉原地震焼亡之図 東京大学総合図書館（石本コレクション）蔵

吉原遊廓は江戸市中と同様にたびたび火災に見舞われたが、町の再建中には幕府の許可で、浅草や本所、深川や中洲などで仮営業していた。これを仮宅という。本作で描かれたのも、その吉原の仮宅のひとつだが、かなり美化して描かれており、実際はもっと狭苦しかった。

新よし原尾州楼かり宅
歌川国貞画　台東区立図書館デジタルアーカイブ

新よし原尾州楼仮宅
歌川国貞画　台東区立図書館デジタルアーカイブ

吉原とは何か⑦

吉原以外の風俗事情

吉原遊廓は公許の風俗街であったが、江戸には吉原以外にも非合法の風俗である岡場所が多数あり、私娼たちが吉原よりも安い値段で客を取った。

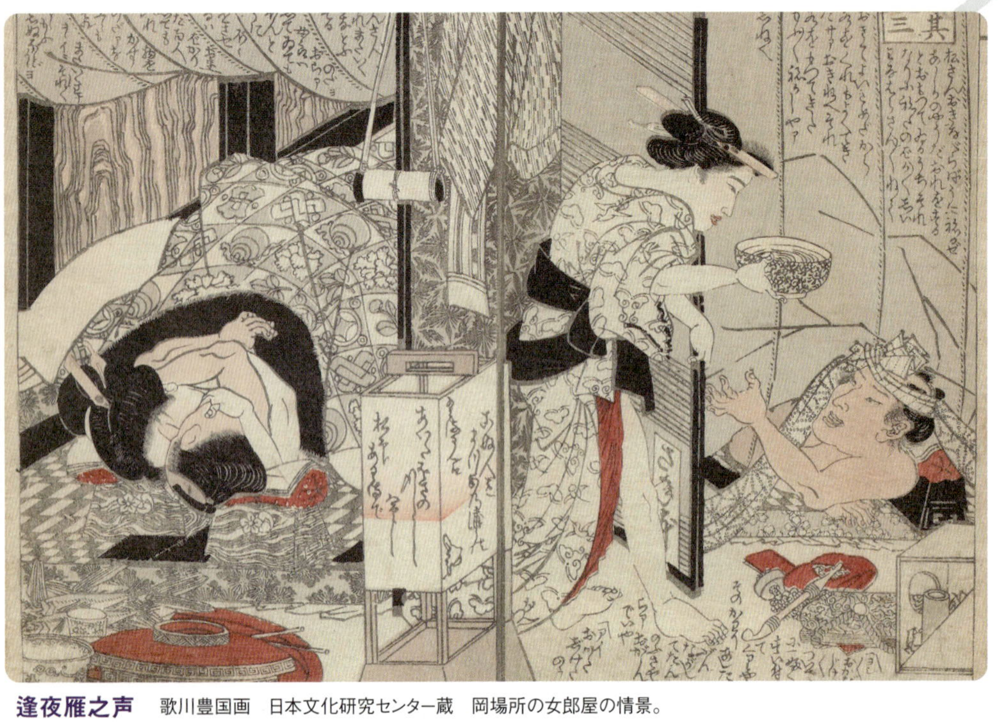

逢夜雁之声　歌川豊国画　日本文化研究センター蔵　岡場所の女郎屋の情景。

源氏雲浮世画合
夕顔
歌川国芳画　東京都立中央図書館蔵
江戸時代には茣蓙1枚を手にして夜道に立ち、客を取った非合法の街娼たちがいた。彼女らを夜鷹と呼ぶ。

格安の岡場所 高級な男娼買い

江戸には幕府公認の吉原遊廓以外にも、さまざまな遊里があった。無認可の遊里は岡場所と呼ばれた。時代によって変遷はあるが、江戸市中だけでも40～50カ所の岡場所があったとされる。無認可営業

絵本吾妻抉　北尾重政画　国立国会図書館蔵　芳町の料理屋の様子を描いたものだが、階段を上がって二階座敷の客のもとへ行こうとしているのが、いわゆる江戸時代の男娼「陰間」である。

であるため、そこで働く遊女は私娼であった。

江戸市中に点在したことから通うのにも便利で、かつ安価に遊ぶことができた。幕府もほとんど黙認しており、下級武士や江戸庶民の間で人気を博した。

岡場所のなかでも、最も安く遊べたのが、切見世と呼ばれる盛り場である。浅草堂前、あひる入江町、根津、音羽の桜木町などで無認可営業が行われた。長屋と同じく、狭い路地の両側に間口4・5〜6尺、奥行2・5〜3間ほどの店が軒を連ねた。まさに、族に言う「ちょんの間」である。10分の情交で揚代はわずか100文程度だ。これは当時の人参10本分に相当する価格である。野菜と同じ値段で体を売る切見世の遊女らは、その揚代の価格から「お百さん」とも呼ばれたという。

他方、宿場の旅籠屋には、飯盛女という遊女を置くことが、道中奉行から認められていた。江戸四宿の品川、内藤新宿、板橋、千住は、江戸市中からも近いために、江戸の男たちからも手頃な遊里として人気を集めた。

そのほか、茣蓙1枚を持って夜道に立った街娼である夜鷹もまた、安価で自らの体を売っていた。いわば「立ちんぼ」である。

また、陰間と呼ばれる男娼もいた。陰間を置く陰間茶屋は、現在の日本橋人形町付近の芳町で賑わいを見せた。10代の若く美しい男子が、振袖に袴姿に白粉を塗り、あたかも歌舞伎の女形のような格好で、自らの体を売った。客は料理茶屋の座敷に呼び出して遊ぶため、陰間買いは普通の遊女を買うよりも高くついた。

平賀源内の『江戸男色細見（菊の園）』によれば、「一切り」（約2時間）で金1分（約2万5000円）、店から「他行所」で連れ出すならば金2両（約20万円）、「仕舞」まで丸1日自由に買うならば、金3両（約30万円）もしたという。

江戸姿八契　歌川国貞画　国立国会図書館蔵

上図は品川・土蔵相模の遊女と芸者を描いたものとされる。江戸四宿のひとつである品川の遊女は、道中奉行から営業を認められていた準公娼だった。下図は本所の遊女たち、つまり非公認の岡場所の私娼らを描いたもの。

第3章 遊女たちの生活

遊女とは何か

江戸のファッションリーダー的な存在であり、吉原遊廓の華である遊女たちはあくまでも公許の売春街で働く売春婦である。吉原の遊女の光と闇とは。

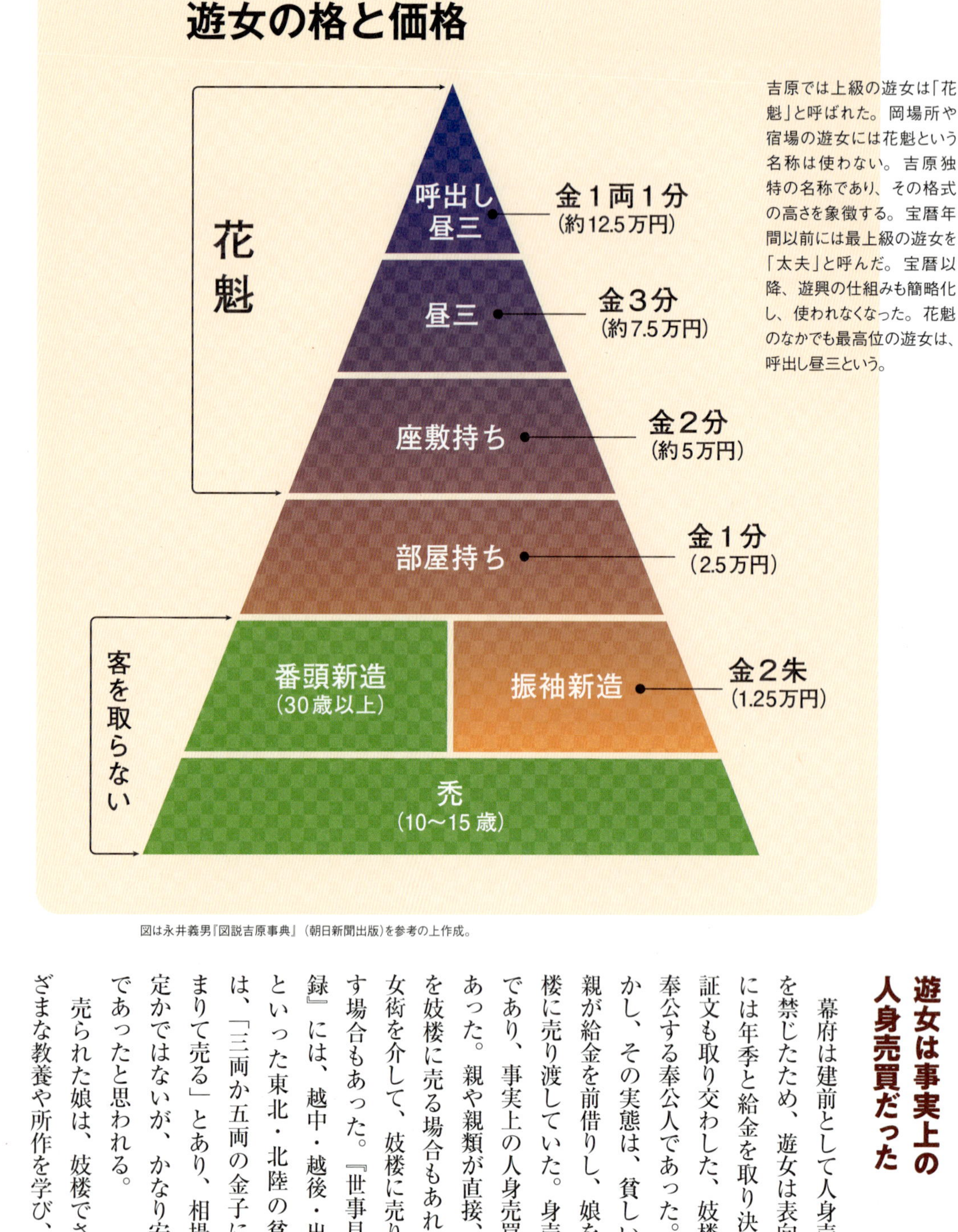

図は永井義男『図説吉原事典』(朝日新聞出版)を参考の上作成。

吉原では上級の遊女は「花魁」と呼ばれた。岡場所や宿場の遊女には花魁という名称は使わない。吉原独特の名称であり、その格式の高さを象徴する。宝暦年間以前には最上級の遊女を「太夫」と呼んだ。宝暦以降、遊興の仕組みも簡略化し、使われなくなった。花魁のなかでも最高位の遊女は、呼出し昼三という。

遊女は事実上の人身売買だった

幕府は建前として人身売買を禁じたため、遊女は表向きには年季と給金を取り決め、証文も取り交わした、妓楼に奉公する奉公人であった。しかし、その実態は、貧しい両親が給金を前借りし、娘を妓楼に売り渡していた。身売りであり、事実上の人身売買であった。親や親類が直接、娘を妓楼に売る場合もあれば、女衒を介して、妓楼に売り渡す場合もあった。『世事見聞録』には、越中・越後・出羽といった東北・北陸の貧農は、「三両か五両の金子に詰まりて売る」とあり、相場は定かではないが、かなり安価であったと思われる。

売られた娘は、妓楼でさまざまな教養や所作を学び、一人前の遊女に育て上げられた。

遊女は妓楼から与えられた源氏名を名乗り、由緒ある名は代々、襲名された。花魁とは、太夫なき時代の上級遊女への総称として用いられた呼び名である。

遊女には厳格な階級制度があり、待遇にも歴然とした差があった。太夫などの階級が消えた宝暦以降は、昼三が最高位の遊女となった。ちなみに昼三とは、昼の揚代が金3分であることに由来している。上級遊女（花魁）は、自分の個室を与えられた部屋持ち、日常の生活をする個室と客を迎える座敷を与えられた座敷持ち、そして、豪華な個室と座敷を与えられた昼三に大別される。特に人気の昼三は最高位の呼出し昼三と呼ばれた。多数のお供を従える花魁道中は、しばしば呼出し昼

浮世姿吉原大全　仲の町へ客を送る寝衣姿
国立国会図書館蔵

浮世姿吉原大全　名代の座舗
国立国会図書館蔵

三が行った。昼三の下には、番頭新造や振袖新造、禿らがついて、さまざまな雑用をこなす。また昼三も彼女たちの教育や面倒を見なければならない。振袖新造はまだ個室を持たず、雑居暮らしで、客を取る際は廻し部屋を使う。番頭新造は、客を取らない年季明けの遊女で、主に30歳を過ぎた女性で、上級遊女の身の回りの世話をした。禿は10～15歳の少女で、客は取らない。遊女見習いである。

浮世姿吉原大全　引込新造の床
渓斎英泉画　国立国会図書館蔵

遊女の生活

昼見世（昼営業）と夜見世（夜営業）がある吉原遊廓での妓楼の営業では、遊女は1日に複数人の客を相手にしなければならないこともしばしばだった。

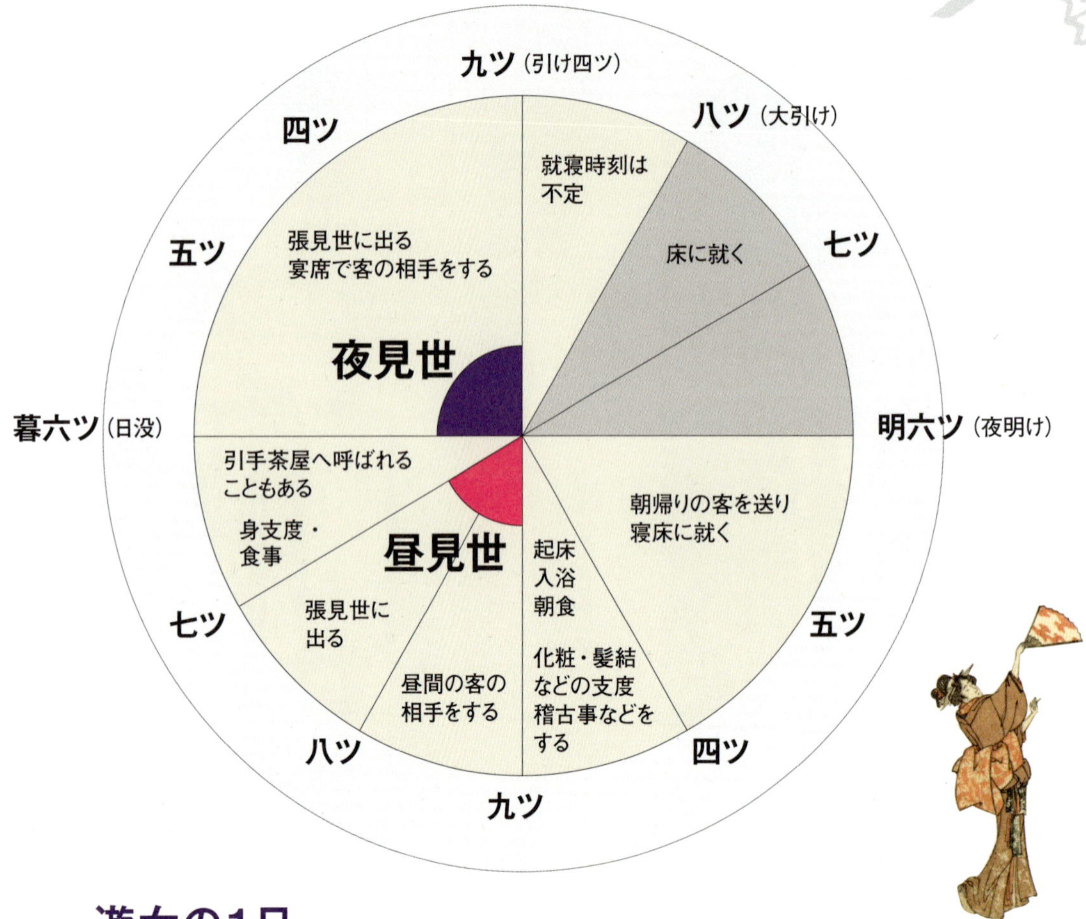

九ツ（引け四ツ）
八ツ（大引け）
七ツ
明六ツ（夜明け）
五ツ
四ツ
九ツ
八ツ
七ツ
暮六ツ（日没）
五ツ
四ツ

夜見世
就寝時刻は不定
床に就く
張見世に出る
宴席で客の相手をする

昼見世
朝帰りの客を送り寝床に就く
起床 入浴 朝食
化粧・髪結などの支度 稽古事などをする
昼間の客の相手をする
張見世に出る
身支度・食事
引手茶屋へ呼ばれることもある

遊女の1日

吉原遊廓（新吉原）の営業時間は昼夜二部制で、昼見世は九ツ（正午）から七ツ（午後4時頃）、夜見世は暮六ツ（日没後）から夜明け前頃まで。時には客はそのまま居続けることもあった。

昼見世と夜見世 昼夜問わず客を取る遊女

吉原遊廓の営業時間は、昼夜二部制となっている。昼見世は正午（九ツ）から午後4時頃（七ツ）、夜見世は午後6時頃（暮六ツ）から深夜まで続いた。遊女の朝は、まず夜が明ける前に帰る客を引手茶屋、あるいは大門口まで見送ることから始まる。これを後朝の別れと言った。その後、遊女は妓楼2階の自分の部屋や相部屋で二度寝するが、階下では奉公人らが働き始める。

二度寝の床から起き出すのは、午前10時頃（四ツ）だ。入浴や朝食を済ませて、化粧や髪結など身支度を済ませるが、昼見世が始まるまでは、基本的には自由時間となった。

昼見世の間は、遊女は張見世に出て、客を取る。客がついたら2階の座敷で相手をする。午後4時（七ツ）に昼見世が終わると、遅い昼食を取り、夜見世までは自由時間となった。ときには、日が暮れる前に、客が引手茶屋にやってきて、呼び出しがかかることもある。午後6時頃（暮六ツ）から夜見世が始まる。

再び張見世に並び、客がつくと、2階の座敷で酒宴が始まる。午前0時頃（引け四ツ）、妓楼の表戸は閉められ、新規の客はもう入れないが、登楼している客は、夜通し遊び続ける。

午前2時頃（八ツ）に大引けの拍子木が鳴らされ、遊女はいったん退出して、寝床の用意を整え、客とともに寝床へとつく。その後も床のなかで、客の相手をして、夜が更ける。客は夜明け前に帰るか、そのまま居続けとなり翌日も一緒に過ごすこともある。

図は永井義男『図説吉原事典』（朝日新聞出版）を参考の上作成。

青楼十二時 続

喜多川歌麿画 東京国立博物館蔵・個人蔵

吉原の遊女の１日の生活を12の刻限に分けて、２時間ごとの推移を描いた揃物の浮世絵作品。左上の和時計のあしらいによって日時を示す。

卯の刻

明六ツ（午前6時頃）の鐘が響く頃、まだ辺りが暗いうちから、一晩を共にした客が帰り支度をするのを手伝う遊女。帰りしなに客の羽織を着せかける遊女の図様はしばしば浮世絵に描かれている。

遊女の1日

巳の刻

四ツ(午前10時頃)頃になると、客を見送り二度寝していた遊女たちが起き出してくる。起床後は妓楼に備えつけられている風呂に入るのが日課である。ここでは風呂上がりの花魁に、新造が湯茶を差し出す。

辰の刻

五ツ(午前8時頃)には、見世の使用人たちが起き出し、一斉に掃除を始める。客を取らない振袖新造や禿は大部屋で雑魚寝をしていた。ここでは2人の新造が布団から起き出すシーンが描かれている。

未の刻

八ツ(午後2時頃)、昼見世の営業では、遊女たちも張見世に出る。昼間は客の往来が少ないため、暇を持て余すこともしばしばであった。本図は占い師を呼び止めて、八卦見をしてもらっているところが描かれている。

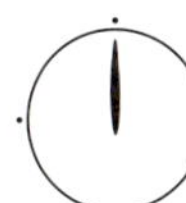

午の刻

九ツ(正午頃)には、昼見世のための身支度で妓楼は忙しくなる。新造が花魁の髪を梳いていたところに、馴染客からの手紙が届いたのか、花魁は煙管に煙草を詰めながら、文を読む。その隙に禿が花魁の鏡を拝借して自分の髷のかたちを整えている。

遊女の1日

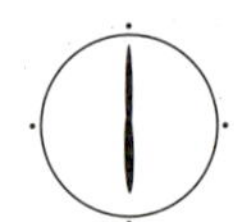

酉の刻

暮六ツ(午後6時頃)、若い者の鈴の音を合図に、振袖新造や内芸者の清掻(三味線によるお囃子)が行われ、夜見世が始まる。夜見世の最中は交代で演奏が続けられた。本図は、茶屋の使いの案内で花魁が出かけるところか、引手茶屋に到着したところか。茶屋の使いが持つ提灯には、扇屋の紋が描かれている。

申の刻

七ツ(午後四時頃)、昼見世を終え、夜見世の準備を始める。日が暮れて、「たそや行燈」に灯がともる頃には、花魁道中が行われる。本図は、髷を横兵庫に結い上げた花魁が、禿らを引き連れて、仲之町の引手茶屋に出かけるところを描いたもの。

亥の刻

四ツ(午後11時頃)、多くの人は就寝している時刻だが、吉原は不夜城だった。時報の拍子木はあえて打たず、営業が続けられた。新規の客は妓桜には入れないが、すでに桜内にいる客はそのまま滞在し遊ぶことができた。悠然と盃を差し出す花魁の張りのある姿が美しい。

戌の刻

五ツ(午後8時頃)、客たちが妓楼の2階で酒宴を張る、賑やかな時間帯である。張見世で客を待つ花魁が、文をしたためるのをやめて、禿に耳打ちをしている。

遊女の1日

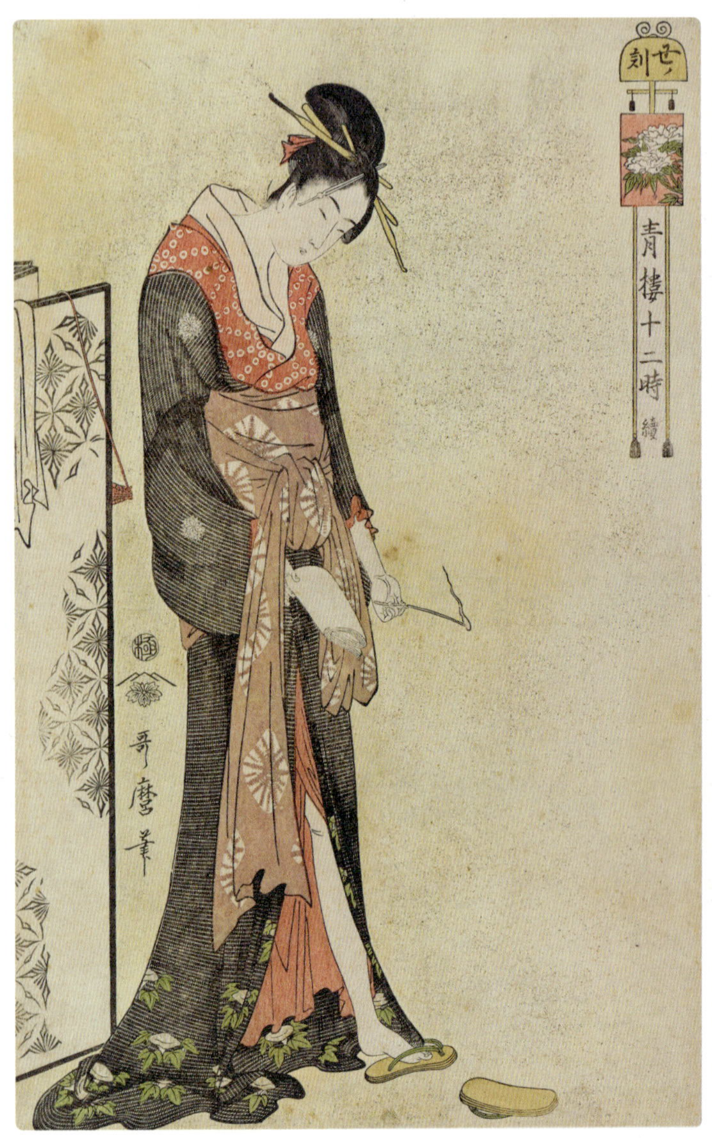

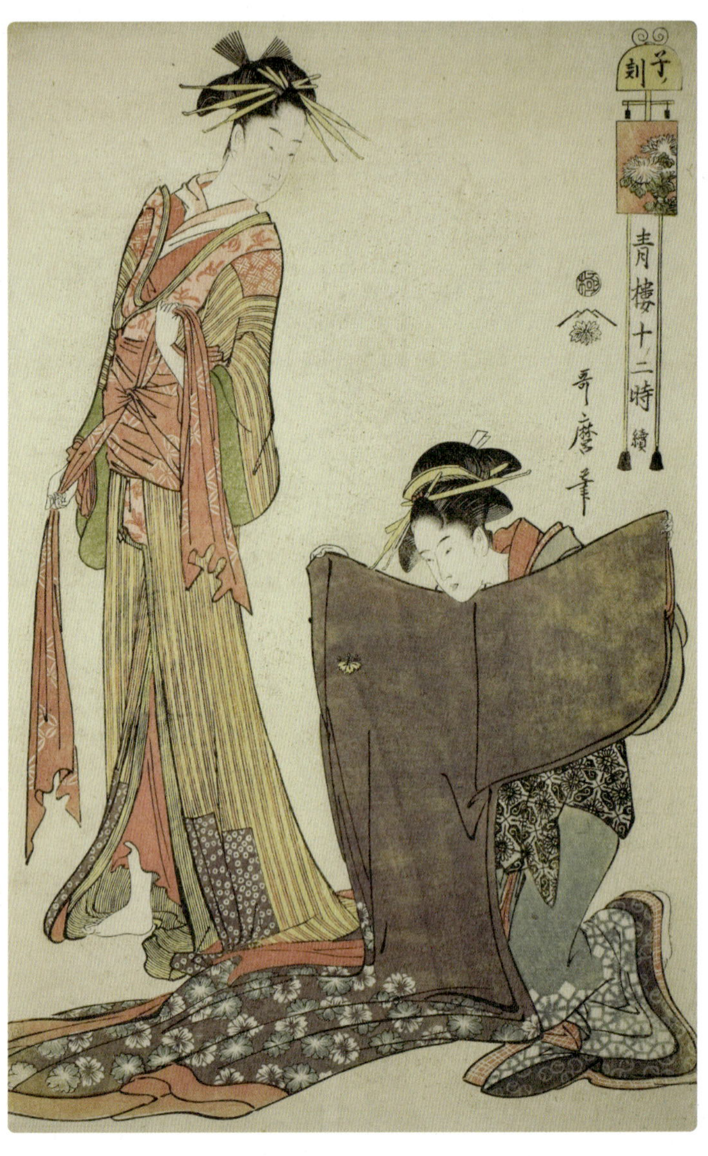

丑の刻

八ツ(午前2時頃)、皆が寝静まった頃合いで、行燈に油を差して廻る不審番の若い者が廊下を行き交う時刻だ。花魁は暗闇の中で、紙燭(ししょく)の灯りを頼りに、上草履をつっかけようとしている。

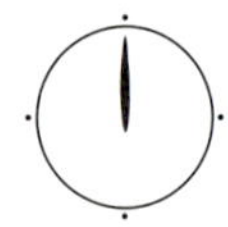

子の刻

九ツ(午前零時頃)は「引け四ツ」という時報が鳴らされる。最初に4つの拍子木を打ち、その後9つの拍子木を打つというもの。これとともに夜見世が終了となり、遊女と客は寝床へと入る。本図は、宴席を中座し、床着に着替える花魁を描いたもの。新造は花魁が脱いだ座敷着を袖たたみしている。

寅の刻

七ツ(午前4時頃)、浅草寺の明けの鐘が聞こえる頃合い、引手茶屋の使いが客を迎えにくる。本図は火鉢にあたりながら談笑する花魁たちが描かれる。明け方の冷え込みと、1日の仕事の終わりの安堵感が伝わる1枚だ。

遊女と病気

今よりも公衆衛生が発達していなかった時代、常に遊女はさまざまな病気に晒されていた。とりわけ、戦国時代以降、外国から持ち込まれたとされる梅毒は、多くの遊女の命を奪った。

梅毒に蝕まれた江戸の遊女たち

苦界と呼ばれた吉原での遊女の仕事は、毎日、複数の男性に身を売るなど過酷な労働であった。特に遊女を蝕んだのが病気、とりわけ性病であった。当時は性病を予防するコンドームもなく、性病の知識もない時代である。そのため、瞬く間に感染は拡大していった。

江戸時代に来日したシーボルトやポンペなどの外国人医師らは、日本人の間に梅毒や淋病が蔓延していることを指摘している。

日本人医師の橘南谿も『北窓瑣談』のなかで、「今にては遊女は、上品なるも、下品なるも、一統に皆黴毒なきは無く」と吉原（上品なる）・岡場所（下品なる）の違いなく、梅毒の蔓延を記している。

島国の日本は、流行病の多くは国外から持ち込まれることがしばしばである。

梅毒がアジアに流入したのは、バスコ・ダ・ガマ一行が希望峰を回りインド洋に入って、インドのマラバール海岸に降り立った１４９８年頃とされる。これをきっかけに梅毒はインド全土に広がり、インドネシア、中国、琉球を経て、日本列島にも拡大していった。１５１０年代以降、ヨーロッパ人が日本に初めてきた頃より、梅毒が日本に到着したと思われる。

梅毒には感染初期に症状が出たのちに、長い潜伏期間があることで知られる。表面上は症状がおさまるので、快癒したと勘違いされた。梅毒にかかり寝込むことを「鳥屋につく」と言われ、そこから回復すれば二度と梅毒にはかからないと信じられた。しばしば鳥屋から回復して、一人前の遊女とも言われた。

戦国時代以降、南蛮貿易によって訪日した外国人たちから、
梅毒が日本へと持ち込まれたと考えられる（狩野内膳画「南蛮屏風」神戸市立博物館蔵）。

妓楼の1階隅にある行燈部屋は、病気となった遊女が入れられた。
衛生環境が悪い粗末な部屋でかえって病気は悪化した
（『令子洞房』）早稲田大学図書館蔵）。

遊女の生涯

「年季は最長10年、27歳まで」と言われる吉原遊廓の遊女たちだが、年季が明けるまで勤める例は少なく、多くの者たちがその前に病気などで命を落とした、まさに「苦界」であった。

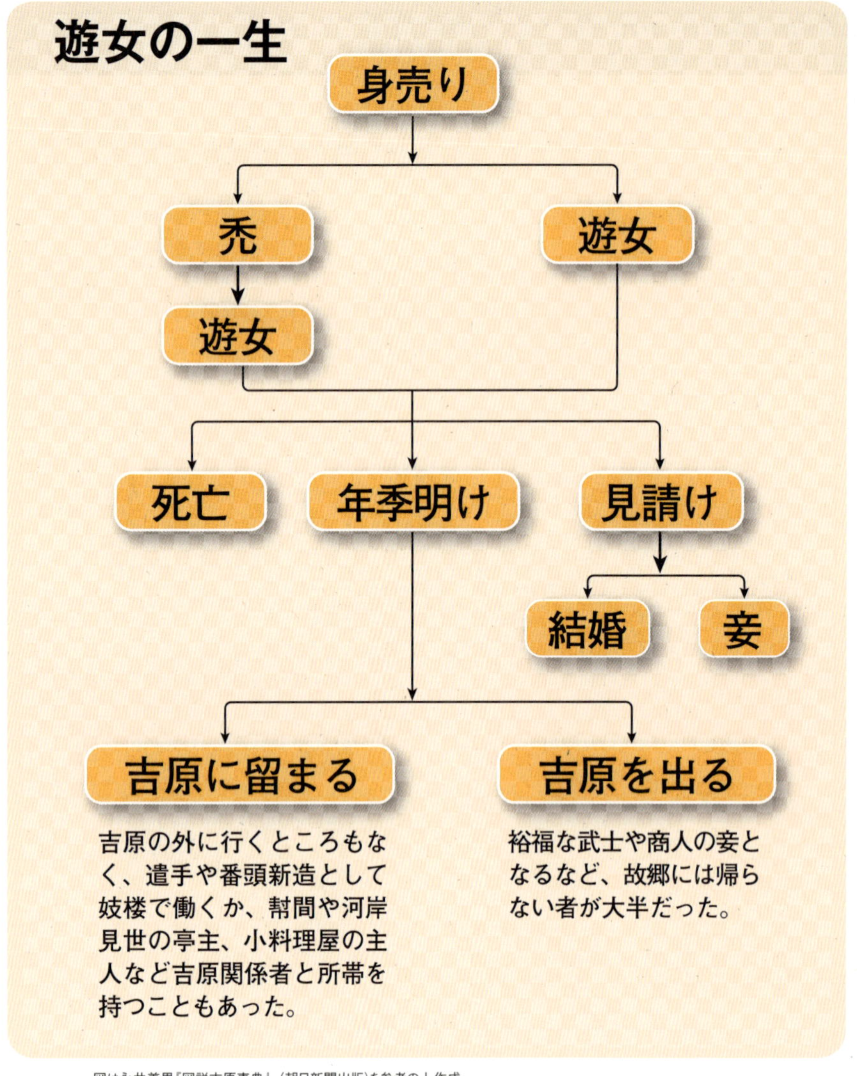

遊女の一生
身売り
禿
遊女
遊女
死亡
年季明け
見請け
結婚
妾
吉原に留まる
吉原を出る
吉原の外に行くところもなく、遣手や番頭新造として妓楼で働くか、幇間や河岸見世の亭主、小料理屋の主人など吉原関係者と所帯を持つこともあった。
裕福な武士や商人の妾となるなど、故郷には帰らない者が大半だった。

図は永井義男『図説吉原事典』（朝日新聞出版）を参考の上作成。

年季明けまで勤め上げる遊女は少ない

幼い頃に親や親類から妓楼に売られた娘は、禿として妓楼で育てられる。その後に新造となり客を取るようになることもあれば、10代後半で妓楼に売られてすぐに新造として客を取ることもあった。

吉原の遊女は、俗に「年季は最長10年、27歳まで」と言われた。禿から育てられた遊女は、客を取るようになってから10年を数えるので、妓楼で暮らす年月はもっと長くなった。また妓楼での生活は、身の回りの品々や自分に付く禿らの面倒も含めて、遊女個人もさまざまな出費が強いられた。そのため、借金は当初よりも膨らむこともしばしばであった。その結果、たとえ年季を明けたとしても、数年はさらに妓楼で働かなければならない遊女もいた。時には鞍替えと称して、他の妓楼に売られるケースもあった。

また27歳まで勤め上げる遊女も多くはなかったようだ。確かな統計史料はないが、年季が明けないうちに、20代そこそこで病死する遊女が多かったという。梅毒や淋病といった性病が原因となる場合もあれば、密集した生活のため労咳にかかり、栄養失調や過労によって、若くして命を落とすことも多かった。

禿から新造へ初めて客を取る

禿は15、16歳（もしくは13、14歳とも言われる）頃で新造になり、客を取るようになるが、その際のお披露目と

『青楼絵抄年中行事』より「押客の坐舗」　十返舎一九作・喜多川歌麿画　国立国会図書館蔵

して、新造出しが行われる。妓楼内や引手茶屋、船宿などにも蕎麦を配り、赤飯を炊いて配った。華美な縮緬（ちりめん）や緞子（どんす）で妓楼前を飾るなど派手な祝いとなったという。ただ、その多額の費用はすべて姉女郎である花魁が負担した。

こうして新造となり、初めて客を取り、一人前の遊女になる。これを突出しという。この際にも、着物や夜具を新調し、盛大なお披露目を行う。当然、多額の費用がかかった。

また、幼いときに売られ禿として育てられた女性や、未婚の生娘が売られてきた場合には、突出しの前に水揚という儀式がある。いわゆる初体験、破瓜（はか）のことである。

身請けと年季明け　遊女が大門を出るとき

年季が明けないうちに、吉原から出られる場合もある。それが身請けである。馴染みの客が金を出し、年季証文を買い取り、遊女の身柄をもらい受けるのである。その額はかなり高額であった。

たとえば、1700（元禄13）年には、松葉屋の遊女・薄雲が350両で身請けされている。身請けしたのは町人の富豪であったという。

また、1775（安永4）年には、松葉屋の遊女・瀬川を高利貸の烏山検校が1400両もの大金で身請けし、江戸中の話題となったという。こうした身請けのための金は、妓楼に支払う身代金のほか、朋輩や妹分の遊女、妓楼の奉公人、引手茶屋、幇間や芸者らに挨拶し、贈る金品につかわれた。送別の宴も含めて全て客が負担するのである。

身請けはごく限られた遊女にしか訪れないチャンスであり、普通の遊女は年季明けを待たなければならない。年季が明けると、楼主から身売り証文を返されるとともに、手形を渡される。これがあれば、吉原大門から出ることができた。しかし、年季明け後も行くところがなく、結果、妓楼に戻るケースも多かった。

角海老屋内
大井
こやえ
さくら
新吉原 角海老屋内
京町壱丁目
艶
たゆの
みつさ
香蝶楼国貞画

新吉原京町一丁目角海老屋内・角海老屋内・角ゑひやうち　歌川国貞画　国立国会図書館蔵

逢夜雁之声　歌川豊国画　国際日本文化研究センター蔵

遊女と客の関係 彫物で証明

遊女は手練手管を用いて、客を魅了し続けなければならない。なかには惚れた情男(いわば恋人)がいたとしても、複数の客と寝るだけに、「真に惚れたのはおまえさんひとり」と言ってもなかなか信じてもらえない。そこで、信実を伝えるために用いられたのが、起請文、彫物、指切りであった。

起請文は遊女が心変わりしないことを神仏に誓約を立てた証文のことである。客と遊女は誓いの文言の後に血判を押す。その起請文に感激し、客の男のなかには、後生大事にした者もいたという。

また、彫物とは、遊女が心変わりをしない証拠に、二の腕に客の名を彫ることを言う。客の名が五郎兵衛なら「二三命」、藤兵衛なら「フジ命」、特右衛門なら「トクサマ命」と彫ったという。上に挙げた歌川豊国画『逢夜雁之声』では、女陰近くの内ももに名前を入れている遊女が描かれている。古い名前は灸をすえることで焼き消した。

指切りは伝説か 時には逃亡や心中も

また、遊女が小指の第一関節を切り落として、客に渡すという指切りという方法もあったとされる。しかし、妓楼にとって大切な商品である遊女をみすみす傷物にすることは、楼主や遣手たちが許さないだろう。実際には行われなかったと思われる。

遊女が本気で客に惚れないように、目を凝らしているのも遣手であった。実際に情男の手引きによって、吉原を脱走しようと画策するケースもあったようである。脱走の場合には追手が放たれ連れ戻されるか、観念して心中をはかることもあった。

春遊十二時　未ノ刻
歌川豊国画　国立国会図書館蔵

遊女の文化・教養とファッション

ひとかどの上客を魅了し、その相手を務めるためには、遊女もそれ相応の教養を必要とした。また遊女の美貌を演出する華美なファッションは浮世絵を通じて、市井の人々の注目の的となった。

新吉原江戸町
壱丁目大黒屋内　蔦の助
国立国会図書館蔵

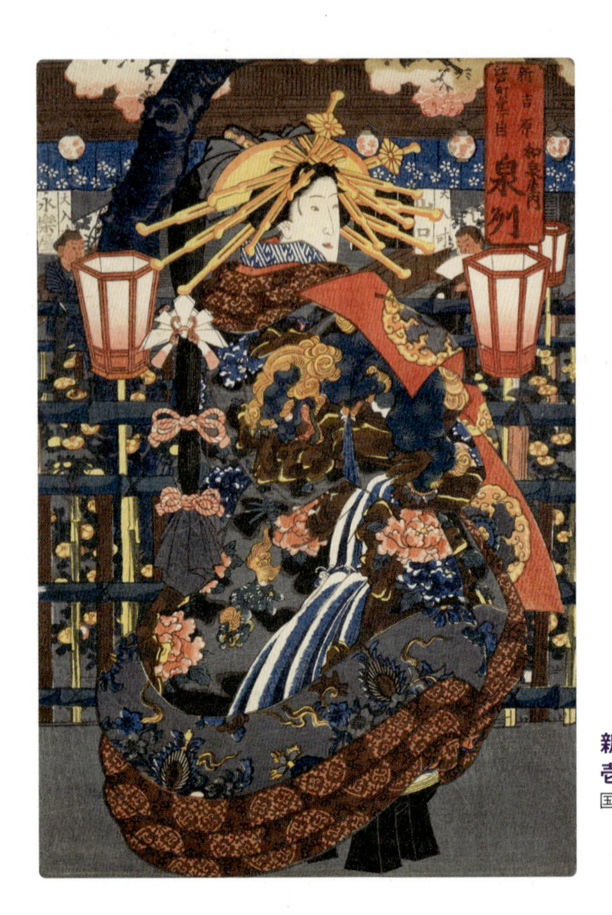

新吉原江戸町
壱丁目和泉屋内　泉州
国立国会図書館蔵

遊女の髪型は一般女性も真似をした

1617（元和3）年、吉原遊廓の設置許可に際して、幕府は五か条の触書を出している。そのなかで、遊女の衣服の刺繍や金銀摺箔を用いた過度の装飾を禁じていた。

そのため、初期の遊女の装いは、一般の女性よりも簡素なものだったが、新吉原への移転を機に、華美な衣装によって着飾るようになった。

やがて、遊女たちが身につけた華美な着物や髪飾り、髪型などは浮世絵の美人画を通じて、庶民の羨望の的となった。いわば吉原の遊女は江戸のファッションリーダーのような存在でもあったと言える。

宝暦以前の最高位の遊女であった太夫は、兵庫髷の一種である立兵庫という髪型に結っていた。

このスタイルはいわば吉原の格式を象徴するものでもあった。宝暦以降、太夫の位が廃止されたことから立兵庫も無くなり、島田髷や勝山髷が主流となった。

しかし、蔦屋重三郎が活躍した天明期頃からは立兵庫がリバイバルとなり、復活した。

こうした遊女の髪型はその後、さまざまに改良され、や

新吉原京町壱丁目角海老屋内　鴨緑
国立国会図書館蔵

新吉原江戸町
二丁目稲本屋内　小町
国立国会図書館蔵

新吉原江戸町
二丁目佐野槌屋内　敷妙
国立国会図書館蔵

がて廓外の一般の女性たちにも流行していった。まさに吉原は流行の発信地だったのである。

文化期には、上級遊女は髪を島田髷に結い、大きな櫛を2枚挿すのが流行した。簪は、前後に合わせて16本挿したが、簡略化して前挿2本、後挿6本とすることもあった。これに長い笄を挿していた。

ファッションとモード 遊女の服装

遊女の服装も時代ごとのモードがある。元禄期には、優雅さと大胆さを兼ね備えた、吉原特有の装いが生まれた。宝永頃より、幅広で丈の長い帯を胸前で結ぶようになり、帯つけは下過ぎるほどよいとされた。延享・寛延頃の太夫は、紗綾・縮緬・羽二重の小袖を着、仲之町を道中した。基本的に着物は毎日取り替えて、違うものを着たという。しかし、太夫が廃止された宝暦以降、花魁の衣装は錦繍を用いた華美なものとなり、毎日同じものを着て、花魁道中をするようになった。

いわば吉原の大衆化とともに、見物客の目を楽しませるような、より鑑賞性に富んだ衣装が好まれるようになったのだろう。天明から寛政の頃には、さらに衣装の華麗さが増し、胸高に結んだ前帯の主張が増してくる。

着物に合わせて 大型化する小物

文化・文政期には、重厚な打掛に帯を結び垂らすスタイルが流行になり、こうした着物に合わせて、髪型や髪飾りや履き物なども極端に大型化した。

花魁道中で履いた下駄は、元禄から宝暦期には3枚歯のものが流行していた。しかし、享和期には、江戸町一丁目の越前屋の遊女・和国が、3枚歯は古いとして、2枚歯を履き、やがてそれが定着したという。

契情道中双録　見立よしはら倉田屋内　文山
渓斎英泉画　国立国会図書館蔵

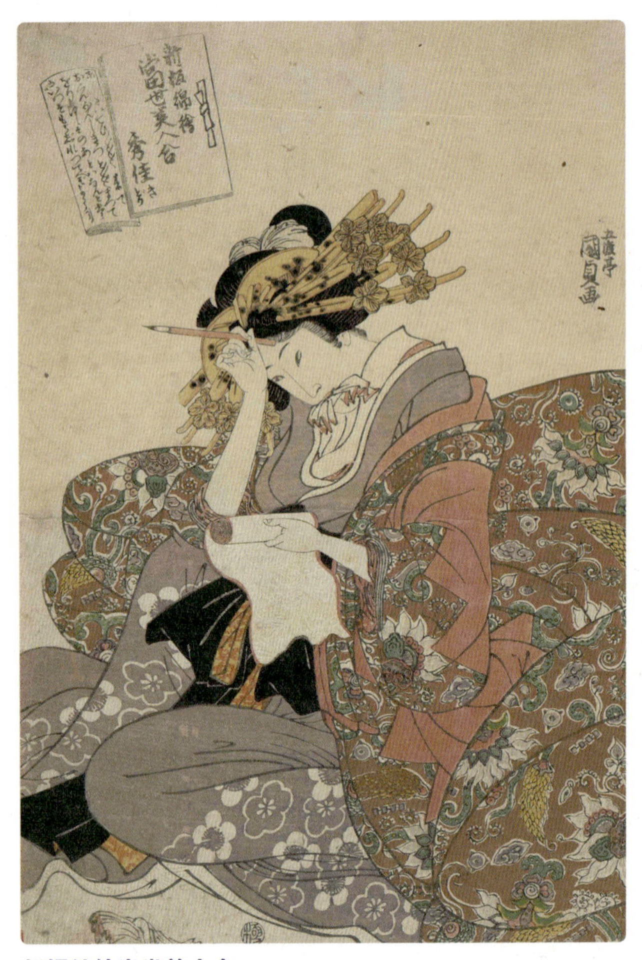

新板錦絵当世美人合
歌川国貞画　東京都立中央図書館蔵

遊女たちの幅広い教養

さまざまな階層の客の相手をする遊女は、当然、その分、幅広い教養が求められた。特に大身の武士や豪商、文化人などの上客をとりこにするには、美貌だけでなく、それなりの教養が必要だった。

妓楼は抱えの遊女に教育を施し、教養を身につけさせることで、商品価値を高めようとした。

禿には手習いをさせて読み書きを覚えさせた。特に妓楼では、手紙が客との関係を保つ重要なコミュニケーションツールだったのである。

「けさ駕でかへりし客へほどもなく又かきおくるけいせいの文」という狂歌がある。

今朝、駕籠で帰ったばかりの客に対して、傾城（遊女）から早速に手紙が届いたと詠んでいる。

このような筆まめな活動によって、遊女はあの手この手で、客の心をつなぎとめようとした。

また読み書きだけでなく、遊女は書道、生け花、茶道、和歌や俳句、箏や三味線、囲碁・将棋といったさまざまな教養を身につけていた。吉原の外には出られないため、妓楼に師匠を招き、遊女は指導を受けた。

1754（宝暦4）年刊行の評判記『吉原出世鑑』には、遊女の嗜みとして、茶の湯や俳諧、琴、三味線などが記されている。

また、1756（宝暦6）年刊行の『当世武野俗談』には、松葉屋の遊女の四代目・瀬川は、三味線、浄瑠璃、茶の湯、俳諧、碁、双六、鞠、鼓、笛、諷詠、舞に秀でた多才な女性であったと記されている。さらに能書家で、絵は池大雅に就いたという。遊女たちの教養の高さがうかがえる。

第4章 吉原の近代と現在

明治以降の吉原遊廓

黒船来航とともに徳川幕藩体制に激震が走った幕末。
大政奉還によって江戸時代が終焉を迎え、近代化を突き進む世にあっても、
吉原遊廓の夜の灯りは煌々と輝いていた。

実態は変わらない明治期の吉原遊廓

約260年にも及ぶ、徳川幕藩体制が終焉を迎え、明治維新によって日本は近代化を突き進む新しい時代へと入っていった。しかし、江戸幕府によって認可されていた吉原は、幕府が無くなったにもかかわらずに遊廓としての営業を続けた。1868（明治元）年7月には、江戸は東京と改名された。

変わったとすれば、江戸の公許の遊廓は吉原だけだったが、1869（明治2）年には根津遊廓が明治政府の公認するところとなり、東京には2つの公許の遊廓ができた点だろう。公認の翌年には、根津八重垣町に桜が200株ほど植えられ、あたかも新吉原のような遊廓となった。公許とはいえ、期間限定のもので、およそ20年後の1888（明治21）年6月には撤去、洲崎へと移転し、洲崎遊廓となった。後述するように、1

東京名所　新吉原夜桜ノ図　豊原周春画　台東区立図書館デジタルアーカイブ
明治20年前後の吉原遊廓・仲之町の桜を描いた作品。山高帽を被った紳士や、散切り頭の男性など、吉原に遊ぶ男たちの格好は近代化したが、遊女たちは変わらず豪華な着物で着飾っている。

872（明治5）年のマリア・ルス号事件をきっかけに、芸娼妓解放令が出され、表向きは遊女たちは解放されたことになる。しかし、吉原は依然として継続していた。

妓楼は貸座敷と名を替えた。娼妓＝遊女は、自ら座敷を借りて、自由意志で客を取っているという建前で営業が続けられたのである。遊女の処遇や妓楼の経営自体は、江戸時代とほとんど変わらなかった。明治期の浮世絵に描かれた当時の吉原遊廓は、建物や灯りなどは明らかに西洋化・近代化し、通う客たちも山高帽や洋服を着ているが、遊女や新造・禿たちは江戸時代と変わらぬ着物姿に髷を結っている。大門も鉄の門へと変わった。矢田挿雲『江戸から東京へ』には、「両柱の上へ橋のようなものを架して、竜宮の乙姫が玉を捧ぐる悪意匠を凝らし、その玉を電気燈にしてあるなどは、いよいよもって助からない」と吉原の見た目の西洋化に辟易している。

梅毒（黴毒）検査を受けて、貸座敷に戻る遊女たち（橋本周延画「全盛廓賑ひ」国際日本文化研究センター・宗田文庫蔵）

1911（明治44）年4月9日の吉原大火の様子を写した1枚（「新吉原大火ノ現場実写」台東区立図書館デジタルアーカイブ）。

外国が梅毒を問題視 公衆衛生の整備が進む

１８９２（明治25）年、遊女の年齢は16歳以上と新たに定められ、１９００（明治33）年には、娼妓取締規則が公布された。明治政府は遊女の人権に配慮しつつも、国として公娼制度を認めたのである。一定の規則さえ守れば、売春は合法とされ、この規則によって遊女の年齢は18歳以上となった。

他方で、強制的な性病検診制度も定められた。江戸時代には遊廓が梅毒の感染源であることは誰もが知っていたが、公儀の側もこれに明確な対処を示さなかった。しかし、開国後、日本に駐留したイギリス人が、梅毒の蔓延を問題視し、日本人に梅毒検査所を作るよう、強く求めたのである。吉原をはじめ、各地の遊廓に梅毒病院が設けられ、遊女の健康の検査と管理が実施されるようになった。

被害が甚大となった 明治の大火

江戸時代を通じて、18回も火災に見舞われた吉原であるが、明治においても大きな火事が起きている。

１９１１（明治44年）４月9日、吉原遊廓内から出た火はたちまち、遊廓全体に燃え移った。貸座敷３００余戸、引手茶屋１２３戸と、ほぼ全焼の状態である。

強風に煽られ、火は四方に広がり、下谷区龍泉寺町、東は隅田川沿いの浅草区橋場町、南千住へと延焼した。結果、被害の範囲は23カ町におよび、全焼世帯６１８９戸、半焼69戸、延焼面積は６万９５４９坪にも及ぶ、大火であった。

この吉原の大火では、蒸気ポンプによって消火活動が行われている。

全焼後、改めて再建された吉原は、さらに西洋化が進み、洋館風の妓楼が立ち並んだ。

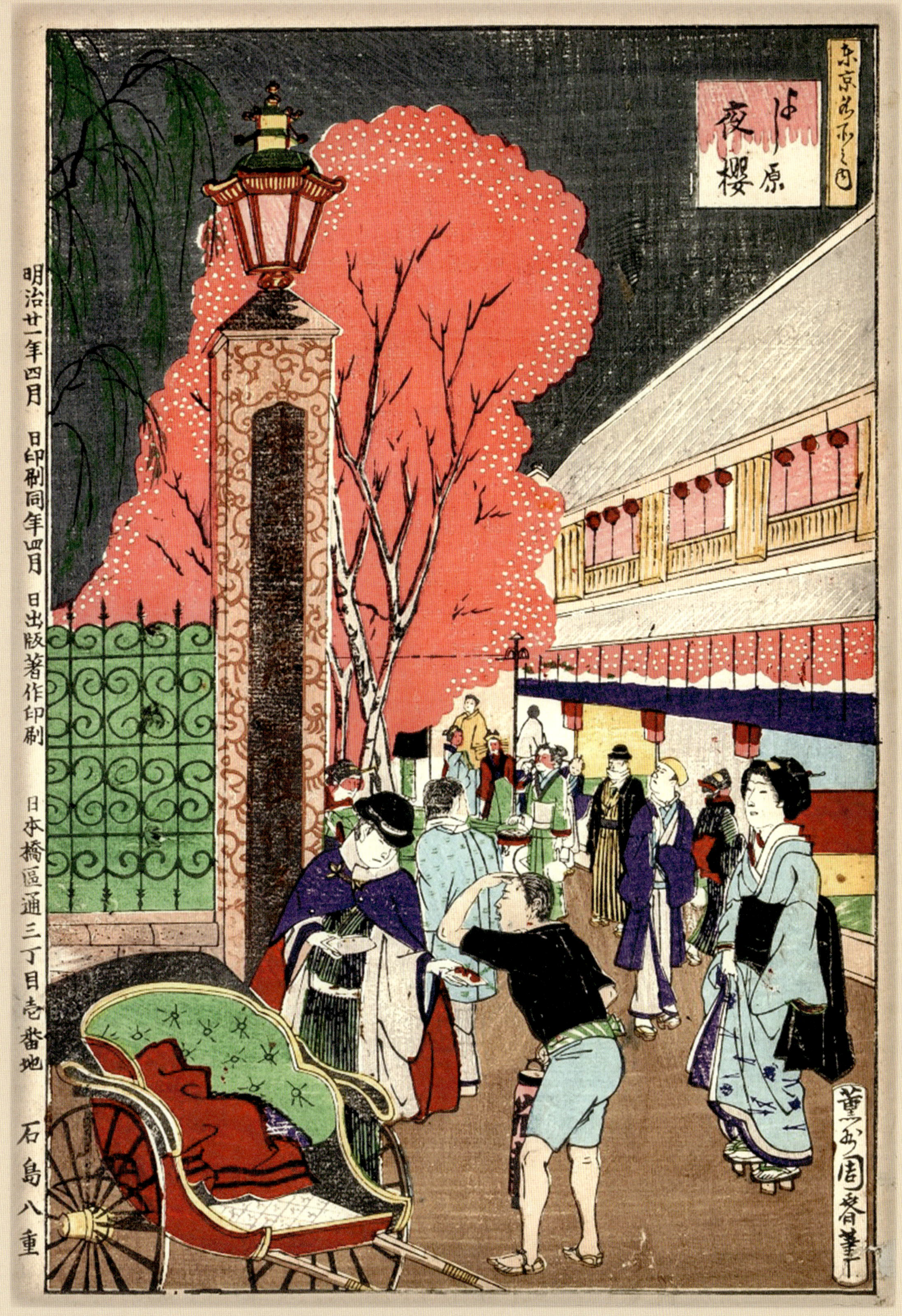

東京名所之内　よし原夜桜　豊原周春画　台東区立図書館デジタルアーカイブ
明治20年代の吉原遊廓を描いたもの。人力車や西洋風の街灯などが見える。明治の吉原ならではの風景だ。

江戸町壱丁目
吉原大門
一覧の図
北州
豊國筆

江戸町壱丁目金瓶大黒楼上より八丁堤一覧の図

歌川豊国画　台東区立図書館デジタルアーカイブ

八丁堤とは、吉原への通い道である日本堤のこと。明治期には、大黒屋金兵衛は「金瓶」を名乗り、洋風の妓楼として有名だった。ランプ風のガラス製盆提灯が見える。左隅の遊女・今紫は、芸娼妓解放令によって吉原を出ると、舞台女優となった。

文明開花と遊女たち

1872（明治5）年に起きたマリア・ルス号事件を契機に、遊女解放の機運が高まり、芸娼妓解放令が施行された。表向きには解放された遊女たちだったが、遊廓は変わらず営業を続けた。

マリア・ルス号事件と芸娼妓解放令

明治時代に遊女をめぐるひとつの画期となったのが、先述したマリア・ルス号事件と、その後の芸娼妓解放令である。1872（明治5）年、マカオからペルーへと向かっていたペルー船籍のマリア・ルス号が、悪天候により難破し、横浜港に入港した。

同船には中国人の苦力231名が乗船していた。そのうちのひとりが過酷な労働に耐えかね、船を下りて、イギリスの軍艦に助けを求めたのである。イギリス側はマリア・ルス号を調査し「奴隷運搬船」と判断し、明治政府に対して、中国人の救助を要請。当時の外務大臣である副島種臣は直ちに中国人苦力の救助を命じて、マリア・ルス号は出航停止となった。ところが、これに対してポルトガル領事ら諸外国から抗議があり、ポルトガル・イタリア両領事の

歌川芳虎画「新吉原江戸町金瓶楼　今紫ノ座敷三曲之図」
台東区立図書館デジタルアーカイブ

もとで、裁判が開かれることとなった。裁判ではマリア・ルス号の船長らの主張は退けられ、中国人苦力は清国政府の役人に引き渡されて無事に帰国の途につくこととなる。

しかし、今度はペルー政府が判決に異議申し立てをしたのである。結果、第三者のロシア帝国の下で国際仲裁裁判が開かれた。その際に批判の矛先となったのが、日本にいる中国人労働者と日本人の遊女だった。

イギリス人弁護士は、日本の遊女は前借金の返済のために働いており、自由意志ではやめることができないと主張。年季奉公契約は6〜8年で、その間は女性の自由を制限し拘束するものであり、未成年も含まれていること、虐待なども横行していることを挙げ、苦力への対応と同じであると訴えた。

これに迅速に対応したのが、明治政府であった。こうした訴えを受けて、明治政府

新吉原金瓶楼之図 歌川芳虎画　台東区立図書館デジタルアーカイブ

は同年、遊女および同様の労務契約に拘束されている人々の一切の解放と、身代金の即時解消を命じた。いわゆる芸娼妓解放令である。

とはいえ、一方的に解放するだけで、その後の芸娼妓らのケア、生活や再就職の保証はされなかった。それゆえ、妓楼側の抵抗もあり、即時解放とはいかなかった。その結果、解放令の翌年に「貸座敷渡世規則等の制定」が実施され、先述したように妓楼は貸座敷に名を変えたのであった。

廃娼運動の高まりと関東大震災の悲劇

実質、公娼制度が整備されたのち、遊女たちの処遇はどのように変遷したのか。公娼制度には国内でも反対や抗議の声も上がった。明治・大正を通じて、全国的に廃娼運動も行われるようになったのである。有名な廃娼論争としては、雑誌『青鞜』を舞台とした、伊藤野枝と山川菊栄による論争がある。伊藤は廃娼の目的が外国への対面のために過ぎない点を批判するとともに、公娼制度の廃止も非現実的だという論を展開した。

廃娼運動が盛んになる最中、吉原遊廓に悲劇が襲った。1923（大正12）年9月1日、関東大震災によって、吉原もまた被災したのである。

火から逃れようとした遊女たちは、吉原の裏手にある弁天池に飛び込み、490人が溺死した。

同月6日付の大阪朝日新聞には、「吉原方面は一軒だに残らず全部崩壊焼け払われ全町の娼妓妓夫廓内の住民は生命辛々裏手から吉原公園に辿りつき、ホッとする間もなく火は忽ち同公園にも及び千数百名は附近の池に飛び込み互いに胴を繋ぎ手を握りしめたまま全部溺死を遂げた」とある。この震災で命を落とした遊女の追悼のために、池の近くには観音像が立てられたという。

1923（大正12）年9月1日に起きた関東大震災では吉原遊廓も被災。多くの遊女が弁天池に逃れようとして、溺死者が相次いたという「東京大地震大火災の実況　吉原遊廓の焼跡」台東区立図書館デジタルアーカイブ。

関東大震災で亡くなった吉原遊廓の遊女らの追悼を行う様子（「帝都大震災後吉原遊廓内震災死亡者納骨供養」台東区立図書館デジタルアーカイブ）。

関東大震災では火炎旋風が起き、多くの家屋が焼かれ、被害が拡大した。画像は吉原遊廓の被災を伝える記事で、「往年花魁道中を以て有名なる新吉原は過年の火災後其の面目を一新し高廈雄大なる建物軒を並べ実に不夜城とも云ふべき光景を呈せし場所なるも」とあり、明治の大火を乗り越えて営業を続けた吉原遊廓が、大正大震災で新たな被災に見舞われたことを「今回の震災に於ける屈指の悲惨たる場所なりき」と伝えている（「帝都大震災画報其五　新吉原仲之町通焼火大旋風之実況」台東区立図書館デジタルアーカイブ）。

蔦屋重三郎の聖地巡礼 ～現代の吉原をゆく～

蔦屋重三郎が生まれ育った吉原遊廓。現在も多くの風俗店が軒を連ねるが、わずかながら蔦重が生きた頃の吉原遊廓を偲ぶ史跡が窺える。

蔦重の吉原を歩く

浄閑寺

現在の三ノ輪駅前にある浄閑寺は、かつて「投込寺」と呼ばれ、亡くなった遊女の遺体が持ち込まれた。現在の墓地にある「新吉原総霊塔」は、1855（安政2）年の地震で亡くなった吉原の遊女を慰霊するものであり、「生まれては苦界死しては浄閑寺」という句が刻まれている。

衣紋坂

現在の土手通りは、かつての日本堤があった場所である。この通りから見返り柳のある交差点を曲がると、吉原遊廓とつながる衣紋坂の跡がある。かつての衣紋坂と同様、曲がりくねっており、吉原遊廓そのものが見えないような作りになっている。

見返り柳

吉原に帰る客が名残惜しさから振り返ったと伝わる見返り柳。現在も柳の木があり、史跡とされている。

吉原大門跡

吉原遊廓へと通じる唯一の出入り口であった吉原大門跡。この手前の五十間道に蔦重の店があった。

都内有数の風俗街となった現代吉原

関東大震災後も、国内では廃娼ムードが高まりを見せたが、その後も吉原遊廓は戦前・戦中と、変わらず営業を続けた。1945（昭和20）年に敗戦を迎えると、吉原もまた変化を余儀なくされる。占領軍下にあって、楼主代表は、敗戦の翌年に先駆けて公娼廃止を警視庁に申し出た。年季証文も破棄し、女性の自由営業という形態で、名目上を保ったのである。1947（昭和22）年、吉原遊廓は特殊飲食店街と改称され、俗に「特飲」と呼ばれた。実態は売春であることに変わりなく、いわゆる赤線地帯である。

1958（昭和33）年4月1日、2年前に成立した売春防止法が本格施行され、赤線は廃止された。こうして、吉原遊廓の長きにわたる歴史の幕が閉じたのである。

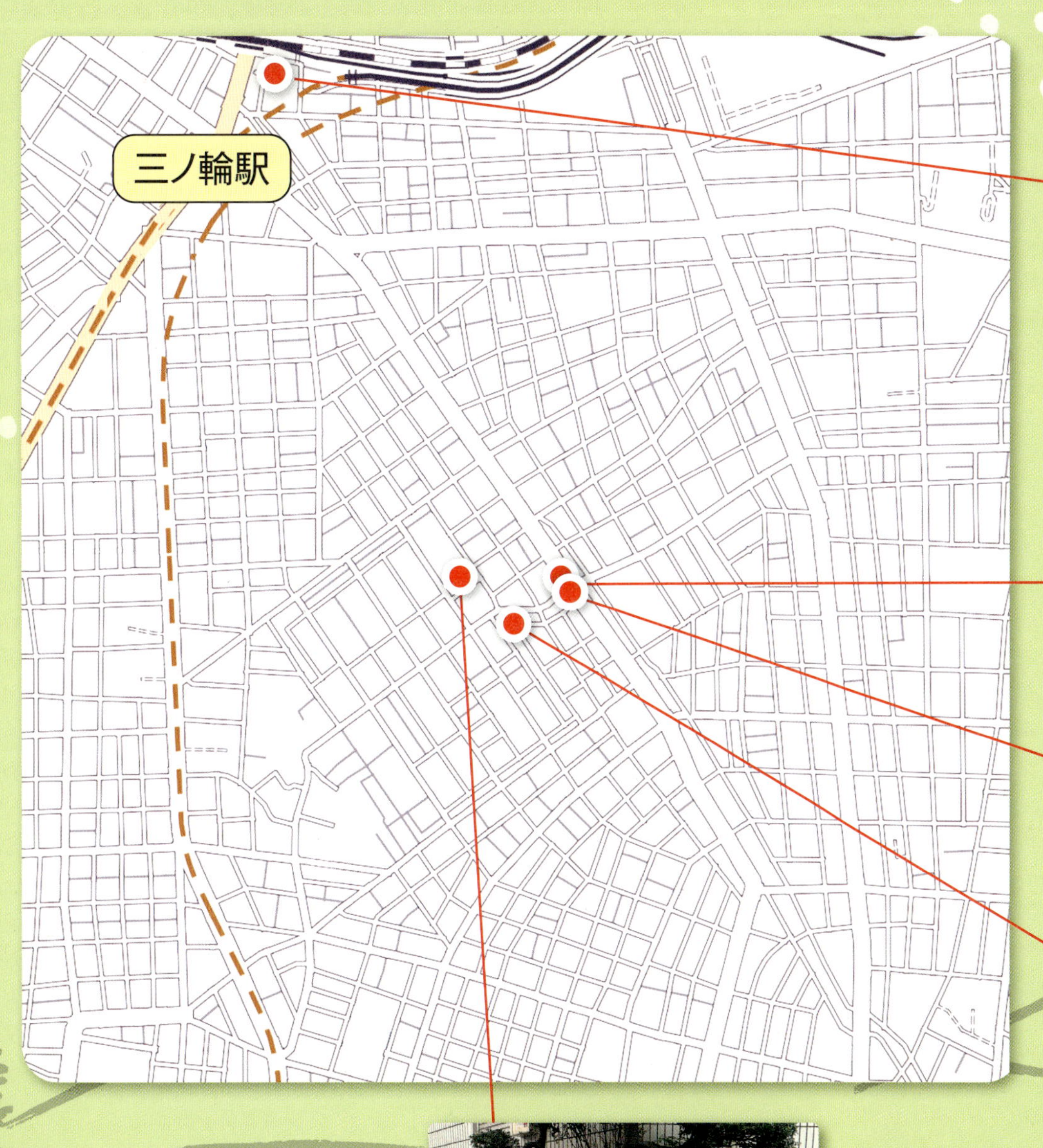

お歯黒どぶ石垣擬定地

吉原遊廓は四方を塀によって閉じられ、さらにその周りはお歯黒どぶと呼ばれるお堀に囲われていた。遊女の逃亡を防ぐために街ごと隔離されたような世界だったのである。現在の吉原にはそのお歯黒どぶの石垣と推定される場所があるが、実際のところは定かではない。

今日、吉原という地名は東京の地図には存在しない。しかし、今も吉原遊廓があった後は、ソープランドが軒を連ねる。蔦屋重三郎が暮らしたその面影は皆無に等しいが、往時の吉原を思わせるような景色はいくつか残されている。

日本堤から吉原へと向かう衣紋坂の曲がりくねった道はかつてのままである。また、多くの遊女の亡骸が持ち込まれた投げ込み寺である浄閑寺も、三ノ輪駅近くにあり、現在も新吉原総霊塔が置かれている。

吉原・五十間道にて本屋を始めた蔦重は、のちに日本橋通油町にも出店した。蔦重の書店・耕書堂があったとされる、現在の日本橋大伝馬町の通り。

参考文献（順不同）
永井義男『図説吉原事典』朝日新聞出版、永井義男『吉原の舞台裏のウラ』朝日新聞出版、松木寛『蔦屋重三郎』日本経済新聞社、鈴木俊幸『新版 蔦屋重三郎』平凡社、鈴木俊幸『江戸の本づくし』平凡社、鈴木俊幸『江戸の読書熱』平凡社、鈴木俊幸『絵草紙屋　江戸の浮世絵ショップ』平凡社、鈴木俊幸編『書籍の宇宙』平凡社、田中優子『江戸の想像力』筑摩書房、田中優子『江戸はネットワーク』平凡社、浅野秀剛『喜多川歌麿』新潮社、浅野秀剛『浮世絵細見』講談社、浅野秀剛『錦絵を読む』山川出版社、本郷和人『変わる日本史の通説と教科書』宝島社、神田伯山『講談放浪記』講談社、神田松之丞『講談入門』河出書房新社、岡田哲・校訂『叢書江戸文庫　馬場文耕集』国書刊行会、佐藤至子『江戸の出版統制』吉川弘文館、佐藤至子『山東京伝』ミネルヴァ書房、井上ひさし『戯作者銘々伝』筑摩書房、磯田道史『江戸の備忘録』文藝春秋、磯田道史『徳川がつくった先進国日本』文藝春秋、永田生慈監修『もっと知りたい葛飾北斎』東京美術、田辺昌子『もっと知りたい喜多川歌麿』東京美術、高田衛『滝沢馬琴』ミネルヴァ書房、沓掛良彦『大田南畝』ミネルヴァ書房、中野三敏監修『江戸の出版』ぺりかん社、棚橋正博・校注編『江戸戯作草紙』小学館、小林忠『浮世絵』山川出版社、大久保純一『東洲斎写楽』新潮社、大久保純一『北斎』岩波書店、大久保純一『葛飾北斎』山川出版社、水野稔『黄表紙・洒落本の世界』岩波書店、安藤優一郎監修『江戸の色町　遊女と吉原の歴史』カンゼン、『増刊歴史人 2023 年 12 月号』ABC アーク、浅野秀剛監修『別冊太陽　歌麿』平凡社、浅野秀剛編『別冊太陽　写楽』平凡社、『別冊太陽　蔦屋重三郎の仕事』平凡社、『図録　歌麿・写楽の仕掛け人　その名は蔦屋重三郎』サントリー美術館、『図録　蔦屋重三郎と天明・寛政の浮世絵師たち』太田記念美術館、『図録　大吉原展』東京藝術大学美術館、『江戸学事典』弘文堂

画像クレジット
出典：ColBase（https://colbase.nich.go.jp/）／出典：国書データベース，https://doi.org/10.20730/200009654／出典：国書データベース，https://doi.org/10.20730/200036627

監修者プロフィール
永井義男（ながい・よしお）
1949年、福岡県生まれ。東京外国語大学卒業。『算学奇人伝』で第6回開高健賞を受賞し、本格的な作家活動に入る。主な著書に『秘剣の名医』シリーズ（コスミック出版）、『江戸の性語辞典』『吉原の舞台裏のウラ』（いずれも朝日新聞出版）、『江戸春画考』（文藝春秋）などがある。

Staff
カバーデザイン：landfish
本文デザイン＋DTP：木下裕之（kworks）
編集：宮下雅子（宝島社）
制作協力：吉祥寺事務所

蔦屋重三郎の生涯と吉原遊廓

2024年10月30日　第1刷発行

監修　永井義男
発行人　関川 誠
発行所　株式会社 宝島社
〒102-8388　東京都千代田区一番町25番地
電話［営業］03-3234-4621 ［編集］03-3239-0646
https://tkj.jp

印刷・製本　サンケイ総合印刷株式会社

ISBN978-4-299-05992-5